I0038845

230469

8°V
26856

LA
PSYCHOLOGIE
DANS L'OPÉRA FRANÇAIS

FÉLIX ALCAN, ÉDITEUR

AUTRES OUVRAGES DE M. L. DAURIAC

Croyance et Réalité, 1 vol. in-18 (1889) 3f 50
Le Réalisme de Reid, in-8 . . . . 1 »
Des notions de matière et de force dans les sciences
de la nature, 1 vol. in-8° (1878). Epuisé.
La psychologie du musicien, 1 vol. in-8°. En prépa-
ration.

A LA MÊME LIBRAIRIE :

Du Langage et de la Musique, par J. STRICKER, professeur à l'Université de Vienne. — 1 vol. in-12. 2f 50
La Musique et la Psychophysiologie, par MARIE
JAËL. — 1 vol. in-12 (1896) 2 50
Le Son et la Musique, par P. BLASERNA, profes-
seur à l'Université de Rome, suivi des *Causes
physiologiques de l'harmonie musicale*. — 4e édit.,
1894, 1 vol. in-8, cart. à l'anglaise . . . . 6 »
Les Rapports de la Musique et de la Poésie considérés au point de vue de l'expression, par
J. COMBARIEU, docteur ès lettres. — 1 vol. in-8
(1894) 7 50
Mémoire et Imagination (*Peintres, musiciens, poètes
et orateurs*), par L. ARRÉAT. — 1 vol. in-12 (1895). 2 50
L'Art au point de vue sociologique, par M. GUYAU.
— 1 vol. in-8 . . . . 7 50
La Suggestion dans l'Art, par P. SOURIAU, pro-
fesseur à l'Université de Lille. — 1 vol. in-8 . . . . 5 »
La Psychologie du Beau et de l'Art, par MARIO
PILO, professeur au lycée de Bellune (Italie),
traduit de l'italien par *A. Dietrich*. — 1 vol. in-12 2 50
La Musique en Allemagne (*Mendelssohn*), par
C. SELDEN. — 1 vol. in-12 . . . . 2 50
Essai sur le Génie dans l'Art, par G. SÉAILLES,
chargé de cours à la Sorbonne. — 2e édit., 1897,
1 vol. in-8 . . . . 5 »
Les Éléments du Beau, par M. GRIVEAU. — 1 vol.
in-12 . . . . 4 50
Les Organes de la parole, par H. DE MEYER, pro-
fesseur à l'Université de Zurich. — 1 vol. in-8
avec 51 fig., cart. à l'anglaise . . . . 6 »
Les Sens, par BERNSTEIN, professeur à l'Université
de Halle. 5e édit., 1 vol. in-8, cart. à l'anglaise. 6 »

LA
PSYCHOLOGIE
DANS L'OPÉRA FRANÇAIS
(AUBER — ROSSINI — MEYERBEER)

COURS LIBRE PROFESSÉ A LA SORBONNE

PAR

LIONEL DAURIAC

Professeur à l'Université de Montpellier

BIBLIOTHÈQUE IMPRIMÉS

220
97

PARIS

ANCIENNE LIBRAIRIE GERMER BAILLIÈRE ET Cⁱᵉ

FÉLIX ALCAN, ÉDITEUR

108, BOULEVARD SAINT-GERMAIN, 108

—

1897

Tous droits réservés

Au maître éminent

qui a inauguré en France les études

de Psychologie musicale

A CHARLES LÉVÊQUE

Membre de l'Institut

Professeur au Collège de France

PRÉFACE

Le présent ouvrage contient la série des leçons faites en Sorbonne, du 14 avril au 2 juin 1893, sur « l'Evolution de la musique et du goût musical en France de la *Muette de Portici* à *Robert le Diable*. » Notre dessein primitif était d'arriver jusqu'aux *Huguenots* en traversant, outre *Guillaume Tell* et *Robert*, les opéras d'Hérold et le chef-d'œuvre de F. Halévy, *la Juive*. La durée trop courte du semestre d'été nous a empêché de remplir notre dessein.

Le titre choisi pour ce volume est : *la Psychologie dans l'Opéra français. Guillaume Tell* est d'un maître italien, *Robert* est d'un compositeur allemand. Il n'importe. Ces deux œuvres sont dues à l'influence française. C'est pour la scène française qu'elles furent écrites l'une et l'autre. Ajouterai-je que, si le nom de Meyerbeer n'a peut-être point droit à une place d'honneur dans l'histoire de la musique allemande, dans l'histoire de l'opéra français, il n'est pas de nom plus grand que le sien ?

Et maintenant que faut-il entendre par la « Psychologie dans l'Opéra » ? Nous ne saurions, dans une préface, mettre le lecteur au courant de tout ce que cette expression comporte. Rappelons seule-

ment, ce qui est l'évidence même, que la musique
a pour effet, sinon pour fin de plaire et d'émouvoir, qu'entre les éléments dont une œuvre musicale est faite et la nature des émotions qu'elle excite,
il est des relations étroites. J'admets que chacun de nous
ait son tour d'imagination propre et que, par suite, il
arrive à chacun de nous d'imaginer, à propos d'un
même texte musical, des choses ou des situations différentes. Il est donc, entre la cause qui est l'œuvre d'art
musical, et l'effet qui est l'émotion produite, d'une part,
et le genre des images excitées de l'autre, une relation
dont un des termes varie ou est sujet à varier incessamment : l'effet. Mais la cause demeure. Et quelle que soit
la diversité des effets possibles d'une même cause, on ne
saurait admettre qu'une telle diversité allât à l'infini.
Le *Miserere* du *Trovatore* ne mettra jamais les gens de
bonne humeur... à moins qu'il ne soit volontairement
ou involontairement parodié par ses interprètes. Le
final de la symphonie d'Haydn, dite *de la Reine*, jamais
ne disposera personne aux réflexions lugubres. Dès
lors, étant donné un texte musical, il est permis de se
demander quels en sont les effets psychologiques possibles sur l'auditeur, et puisque ces effets, en partie,
dépendent de leur cause, quelle en est la valeur ou
la signification psychologique.

Alors, d'après nous, la musique serait un langage,
et un musicien serait un homme qui aurait quelque
chose à dire ? Mais, s'il nous arrivait de lui faire dire ce
que jamais il n'a songé à dire, ce qu'il nous assure qu'il
est à cent lieues d'avoir voulu faire entendre, nous,
critiques, nous aurions fait œuvre vaine, stérile, puisque
nous nous serions trompés. Même nous aurions fait

œuvre condamnable, puisqu'en nous trompant, il nous
serait infailliblement arrivé de tromper les autres.

A cela je réponds qu'il a bien pu arriver à Corneille,
dans ses *Examens,* et à Dumas fils, dans ses *Préfaces,* de
tromper son lecteur. Car et Corneille quand il rédi-
geait ses *Examens,* et Dumas quand il travaillait à ses
Préfaces, considéraient leurs pièces du dehors et s'ef-
forçaient de déterminer, après coup, les intentions qui
les avaient dirigés. Ils cherchaient ce qu'ils *avaient
voulu.* Pendant qu'ils écrivaient, savaient-ils *ce qu'ils
voulaient?* Je parierais qu'ils ne le savaient qu'en
gros, c'est-à-dire fort mal, c'est-à-dire, après tout, qu'ils
l'ignoraient en partie. Une œuvre d'art n'est pas une
machine. Ni le calcul ni la réflexion n'y président. Ils
peuvent intervenir. Jamais ils ne dirigent. Aussi ne de-
mandez jamais à un artiste ce qu'il *veut* quand il *fait.*
Si cet artiste est doublé d'un critique, il vous dira quand
il *aura fait* ce qu'il *aura voulu.* Pour être en état de
vous le dire, il devra cesser d'être « intérieur à son
œuvre » ; il devra l'envisager du dehors, en la détachant
de sa personne, comme l'œuvre d'un étranger. Certes il
serait plus intéressant et plus sûr pour l'explication d'une
œuvre d'art, de descendre des intentions aux actes,
que de remonter des actes aux intentions. Une même
cause produit, selon les cas, une multiplicité d'effets. Et
réciproquement un effet donné n'a pas nécessairement
telle cause. J'en conviens, et c'est pourquoi la critique
d'art reste *critique* et ne saurait s'élever au rang de
science. C'est pourquoi le domaine de la critique d'art
est le possible et le vraisemblable, non le nécessaire. Et
je dis « la critique d'art ». Car, si l'on nous objectait que
la critique musicale est dans ses résultats incertaine,

nous répliquerions que cette incertitude dérive d'une source commune à toute œuvre d'art quel qu'en soit le genre. Entre l'incertitude de la critique littéraire et celle de la critique musicale, si j'aperçois une différence, je ne saurais apercevoir, pour l'instant du moins, rien de plus qu'une différence de degré.

Voici maintenant qui est spécial à la musique. Le poète traite un sujet. Le peintre fait de même. Le musicien combine des sons. Mais entre des sons à combiner pour faire plaisir, et des choses à représenter pour faire plaisir encore, sans doute, mais, en premier lieu, pour les reproduire et les faire reconnaître, l'écart est considérable. L'examen d'une pièce de Corneille peut aboutir à des jugements inexacts sur ce qui a été voulu. Toujours est-il qu'en gros et comme en bloc, quelque chose a été voulu. Ce qui a été voulu par l'auteur du *Cid* diffère de ce qui a été voulu par l'auteur du *Demi-Monde*. S'ils avaient été du même temps et avaient pu s'entretenir de leurs pièces, pendant qu'elles étaient à faire, ils auraient pu s'entretenir de leurs intentions. Donc de ces intentions ils avaient conscience. Donc l'explication d'une œuvre littéraire par la critique peut être difficile: elle n'en a pas moins sa raison d'être. Mais l'explication d'une œuvre musicale n'est-elle pas deux fois difficile, pour ne pas dire deux fois impossible : une première fois parce qu'il faut démêler les intentions à travers les résultats, ce à quoi l'on n'est jamais sûr de réussir ; une seconde fois, parce que, si les intentions que l'on cherche ont été absentes, tout se passe comme si l'on s'évertuait à la recherche d'une cause vaine, non existante ?

On sait les impatiences de Schumann : « Que les

« critiques cessent de nous demander ce que nous avons
« voulu faire ! » Schumann avait raison. Car il ne faut
jamais interroger l'homme qui ignore, à moins que l'in-
terrogateur ne soit Socrate et que l'interrogé ne soit docile, disposé à bien répondre, ce que n'était assurément
pas Schumann, ce que les musiciens ne seront jamais
qu'exceptionnellement. La vérité est que le musicien
cherche à écrire selon les règles qu'il tient de l'enseignement de ses maîtres, qu'il s'efforce de plaire en écrivant de manière à flatter l'oreille, qu'il tâche d'être original en écrivant de manière à superposer, si je puis
ainsi dire, au plaisir de l'agrément celui de la surprise.
En général, tel est le but du musicien. C'est celui qu'il se
propose d'atteindre. L'ayant atteint, il peut se rendre le
témoignage d'avoir fait tout ce qu'il voulait faire.

Est-il donc possible, non d'atteindre un but autre que
le but visé, mais d'en poursuivre un que l'on ignore ? Est-il
donc possible d'exprimer des choses qu'on ne veut ni ne
songe à exprimer ? Est-il donc possible de parler
alors que l'on a conscience de se taire ? Que la musique
ne soit pas un langage au sens précis du mot, au sens
où l'on dit que la parole est un langage, il n'est que trop
vrai. Que la musique ne soit pas un langage, au sens où
l'on dit que la physionomie en est un, je ne sais qui oserait risquer ce paradoxe. L'enfant souffre : ses traits se
contractent. Et nous disons que ses traits *expriment* sa
souffrance. Même nous devrions remarquer à cette occasion, que, s'il voulait, privé de la parole, nous apprendre
qu'il souffre, et s'il savait contracter ses traits, il les
contracterait pour nous en avertir. Donc entre la contrac-
tion des traits qui est un point de départ, et notre interprétation : « Cet enfant souffre » il y a, dirait un phi-

losophe, une relation de cause à effet. Et toute relation *objective* de cause à effet peut être *subjectivement* convertie en une relation de moyen à fin.

Cette conversion est-elle légitime ? En un sens elle ne l'est pas, puisqu'*en fait* l'enfant a crié sans vouloir nous avertir. En un autre sens elle l'est, puisque si l'on disait que par ce *cri* la Providence — celle de Dieu ou de la nature — a voulu donner à l'enfant les moyens de nous faire connaître sa souffrance, on dirait ce que l'on ne sait pas, je l'accorde, mais on ne dirait rien d'invraisemblable.

Et je prie le lecteur de considérer que l'âme d'un artiste est gouvernée par une providence analogue, que le mot *génie* ou même simplement le mot *invention* ne signifie rien, sinon cette providence même dont l'action se passe d'incarnation. Nous avons le défaut, et ce défaut, les philosophes souvent le partagent avec les gens du monde, de ne point croire à la *réalité* de ce qui ne peut être *matérialisé*. Quand nous regardons le portrait de Cherubini par Ingres nous haussons les épaules, à moins que nous ne soyons exclusivement attirés par les qualités de facture. Ce musicien qui met la main à l'oreille comme s'il était sourd, cette femme qui lui souffle dans l'oreille, comme si elle voulait lui faire une mauvaise plaisanterie, voilà qui est puéril, d'une évidente pauvreté d'invention et d'un goût évidemment détestable. Et puis nous savons bien que les Muses n'ont jamais existé. Elles n'ont jamais existé en chair et en sang peut-être. Même on doit affirmer que la conscience de la muse qui inspire n'est pas numériquement distincte de la conscience du musicien qu'elle inspire. En résulte-t-il nécessairement que le terme concret de *Muse* et le terme

abstrait *d'inspiration* soient dénués de tout sens ?
Même on doit leur attribuer une signification profonde.

Quelle est cette signification ? Que désignent-ils ? Peu
m'importe le substantif, le sujet que ces termes désignent.
Je l'appellerai « force », pour me servir d'un mot com-
mode, et j'avertirai que ce mot n'est, pour moi, rien de
plus qu'un mot. Je dirai donc que le terme *inspiration*
désigne l'action d'une force, et que cette action est essentiellement une adaptation, autrement dit une combinai-
son de moyens en vue d'une fin. — De moyens voulus en
vue d'une fin voulue ? — En tout cas de moyens choisis en vue d'une fin qui ne peut être supposée autre,
sans qu'il nous soit aussitôt impossible de ne point supposer un choix de moyens différents et, pour ces moyens,
une distribution différente.

— Mais encore une fois le but est l'envie de plaire.
Les moyens de plaire constituent l'art du musicien. Il
tient cet art de la nature et de la science. Le mystère
dont nous semblions occupés à soulever un voile disparaît. Tout est expliqué. —

Non, tout n'est pas expliqué. Tout n'est pas expliqué,
puisque le plaisir musical n'est point chez tous identique. Tout n'est pas expliqué, puisque chez le même
individu, deux plaisirs d'apparence égale restent dis-
tincts en nature. Et il ne faut pas s'imaginer que les
termes de *gai* et de *triste* suffisent à définir toutes les
émotions de source musicale. Aussi bien, qu'importe la
difficulté qui m'empêche de définir une émotion ! J'ai
beau ne pas savoir *définir* en quoi telle émotion diffère
de telle autre, je *sens* qu'elle en diffère. Donc en réalité
elle en diffère, puisque l'émotion réside exclusivement
dans ce que j'éprouve, puisque *ce qui est* équivaut, en

totalité, à ce *qui a conscience d'être ?* Or, si je suis différemment ému par deux œuvres différentes, c'est qu'il y a dans ces œuvres mêmes, dans les éléments dont elles sont faites, quelque chose qui doit pouvoir rendre compte de cette différence. C'est que la différence des émotions en implique une dans leurs sources. C'est que tout se passe comme si le but poursuivi avait été différent dans un cas de ce qu'il a été dans l'autre. C'est enfin que tout se passe comme si, consciemment, le musicien s'était donné une tâche définie et, pour la mener à bonne fin, avait mis en œuvre des moyens définis. A la conscience près, qui fait totalement défaut, les choses se passent dans l'âme du musicien telles qu'il vient d'être dit.

Celui qui soutiendrait que la nature organique s'y prend d'une autre façon pour faire éclore une fleur que pour faire naître un papillon, soutiendrait une banalité. Nous souhaiterions mériter un semblable reproche. Nous serions alors certain d'avoir démontré ce qui nous était à cœur d'établir, à savoir que le musicien, quand il invente, n'a conscience ni de ce qu'il fait ni de ce qu'il veut. Je m'explique. Je ne prétends nullement qu'il ne se rend compte ni de ce qu'il écrit, ni des phrases qu'il dessine, ni des éléments dont il les forme. Mais du bâtiment qu'il construit il n'aperçoit que la façade. L'intérieur de son travail, les « raisons séminales » de sa construction, dirait un stoïcien, lui échappent. Pas plus que l'enfant qui souffre et crie ne se doute qu'il exprime sa souffrance, pas plus le musicien qui combine des sons ne se doute qu'il les combine en vue de produire un genre d'émotion déterminé, pas plus il ne se doute qu'il travaille à exprimer quelque chose qu'il a besoin de dire et que s'il rend avec force, il sera peut-être mieux compris par les autres qu'il ne l'a été par lui-même.

Deux cas veulent être considérés, celui du symphoniste, celui du compositeur d'opéra. Celui-ci traite un sujet, l'autre non. Celui-ci doit se rendre compte des situations à traduire, des sentiments à rendre. Donc, le compositeur d'opéra sera, toutes choses égales, d'ailleurs, moins inconscient que le symphoniste. — Dites donc qu'il ne le sera pas du tout, nous sera-t-il objecté! — A cela je me refuse. Je me refuse à croire qu'il sera capable de justifier, non pas après coup, mais à l'avance, les moindres détails de son œuvre. Je soutiens, par exemple, que, même sur les intentions de Wagner, Hans de Wolzogen, l'analyste des thèmes de la *Tétralogie*, en sait plus long que le maître. — Quand je veux lever le bras, je ne veux aucun des mouvements spéciaux qui permettent à mon bras de changer de position. Cela, la nature s'est chargée de le vouloir à ma place. Et c'est fort heureux. Autrement, il me faudrait connaître la structure du système nerveux et du système musculaire. Bref, il me faudrait connaître tout un détail de lois, dont la connaissance complète est peut-être à jamais interdite au physiologiste. L'homme connaît les règles qu'il applique. En grande partie du moins, il ignore les lois qui le gouvernent. Qui sait même si cette ignorance n'est point la sauvegarde de leur réalisation? Ici encore, par conséquent, du compositeur de symphonies au compositeur d'opéra la différence est dans le degré d'ignorance des lois inconsciemment suivies. Elle est donc, pour la défense de notre thèse, pratiquement négligeable.

Dans la mesure où ce que nous venons d'essayer de

dire répond à ce qui est réellement, dans la mesure où
l'âme d'un musicien est telle que nous espérons l'avoir
sommairement décrite, dans la même mesure la critique
musicale, ou plutôt la partie psychologique de la critique musicale nous paraît être un élément nécessaire
de cette critique. On peut dire d'une mélodie ce qu'Amiel
disait d'un paysage, qu'elle est un « état de l'âme ».
Le procédé du critique psychologue consiste à remonter
de l'effet, qui est la mélodie, à l'état de l'âme qui en est
la cause.

Dès lors, nous serions bien près de tenir la définition
de la psychologie musicale. On lui assignerait pour
objet « l'analyse des émotions excitées par la musique
et la recherche de leurs causes ».

Que la psychologie musicale ait un champ limité, je
veux dire que la notion de « psychologie musicale » et
celle de « critique musicale » ne soient point adéquates
l'une à l'autre, beaucoup le penseront. Et nous le pen-
sons nous aussi. La critique musicale est un genre dont
notre critique est une espèce.

Reste à savoir si la critique psychologique est appli-
cable à toute œuvre musicale. Est-il certain, par exemple, qu'une fugue de Jean-Sébastien Bach soit autre
chose qu'un monument d'architecture sonore? Ses mérites seraient, si l'on nous passait la métaphore, du type
plastique, non psychique. — Soit. Mais, de même qu'un
monument de l'architecture n'est jamais beau sans être
à quelque degré expressif, de même un chef-d'œuvre
du genre de ceux qui ont fait la gloire du plus grand
peut être parmi les maîtres de la musique, ne saura
produire une admiration sèche, exempte d'émotion.
Pour que la beauté soit, il faut l'ordre. Il faut aussi

la vie. Une œuvre belle est une œuvre vivante. Nous ne faisons point ici de métaphore. Et, quand nous disons qu'une fugue est une œuvre vivante, c'est parce qu'elle nous donne l'impression d'un mouvement, régulier sans doute, mais assurément aussi continu. L'unité d'une fugue est celle d'un organisme, mais d'un organisme qui, n'ayant que la durée pour milieu, et non l'espace véritable, ne peut se développer qu'à mesure. Et chaque fugue, ayant sa loi de développement à elle propre, est un organisme qui, n'ayant que des semblables ou des analogues, procure à qui sait l'admirer une émotion, un plaisir, indéfinissable peut-être, mais reconnaissable, mais discernable entre tous. Resterait à se demander en quoi consiste la qualité de ce plaisir.

Pour le savoir, il y aurait à nous ressouvenir des circonlocutions, périphrases, figures de mots ou de pensées à l'aide desquelles nous cherchons à faire comprendre de nous-mêmes d'abord, des autres ensuite, en quoi l'œuvre 50 d'un maître nous émeut autrement que l'œuvre 97, par exemple (1). Je puis me tromper et je suis à peu près sûr que ma réponse trouvera des incrédules. Toutefois, il me parait impossible d'admettre qu'on puisse, non pas définir, mais commencer à caractériser une émotion musicale sans recourir à des expressions du type de celles dont on se sert pour définir soit un geste, soit une attitude, soit un mouvement. Il en résulterait, dès lors, que toute émotion musicale est liée à une excitation des facultés représentatives.

Qu'il n'en soit pas toujours ainsi, j'en conviendrais s'il fallait s'en tenir aux témoignages de l'observation

(1) Ces chiffres sont choisis au hasard, et ne désignent aucune œuvre que nous ayons présente à l'esprit.

intérieure pure et simple. On ne saurait s'y tenir. D'abord, l'excitation des facultés représentatives peut varier indéfiniment et en degré et en durée. Que le degré en soit faible et la durée courte, en faudra-t-il davantage pour qu'elle passe inaperçue ? — L'inaperçu n'est pas le non existant. — Il ne l'est pas au regard du psychologue qui réfléchit et discute. Il l'est pour le psychologue qui, ne sachant qu'observer et enregistrer, craindrait de se contredire en dotant l'âme d'une vie inconsciente. La contradiction est indéniable, si tout phénomène psychologique est, *ipso facto*, phénomène de conscience. Elle l'est encore si, prenant le terme « psychologique » au pied de la lettre, on lui fait signifier : « ce qui tombe dans le champ de l'observation intérieure ». Reste à savoir si, par delà ou en deçà des frontières de la psychologie, il n'est pas des phénomènes, non pas seulement inobservés, mais inobservables, inaccessibles soit à l'observation directe, soit à l'observation indirecte aidée de la mémoire, dès lors « non psychologiques », psychiques néanmoins. Reste à se demander si le terme psychologique et le terme « psychique » sont de même extension, si le premier ne désigne pas une espèce dont le second dénoterait le genre. Le lecteur n'attend point de nous la solution générale du problème : ce ne serait ni le moment ni le lieu de l'esquisser. Nous avions mieux à faire, d'ailleurs. Nous avions à supposer le problème résolu, affirmativement résolu, et à légitimer le postulat par la fécondité de ses conséquences.

Ces conséquences, essayons de les mettre en doute. Admettons que dans l'âme du musicien, il ne se passe rien de plus que dans sa conscience ; supposons qu'en dehors des règles qu'il sait et veut suivre, il n'obéisse à

aucune loi... Mais la supposition se détruit elle-même :
l'idée *d'art* éveille celle *d'ordre*, parce que l'impression
de beauté est, chez nous, inséparable de la perception
d'un ordre. C'est donc que l'inspiration ne va pas au
hasard. On dit communément : l'esprit souffle *où il veut*.
On ne dit pas : *où il peut*, en quoi l'on remplacerait une
banalité par une absurdité. Chopin se met au piano,
trouve le motif de sa *Marche funèbre*. — Je n'en sais
rien, mais j'admettrai bien volontiers, qu'il s'est mis au
piano avec l'idée préconçue d'écrire une marche funèbre. — Immédiatement il improvise des phrases d'un
type défini, d'une direction définie, des phrases qui
feront effort pour monter et qui, semble-t-il, lassées de
leur court effort, se laisseront glisser sur la tonique. Tel
est aussi le caractère de la marche de Beethoven, dans
l'*Héroïque*. Dans l'œuvre de Chopin, ce caractère est
plus marqué que chez Beethoven, Et c'est pourquoi le
thème de Chopin, toutes choses égales, d'ailleurs, est le
plus *funèbre* des deux.

Ce que je viens de dire, Chopin se l'est-il dit ? En
comparant son thème « une fois venu » à celui de la
Symphonie, en a-t-il fait l'observation ? Pendant qu'il
imaginait son thème, il ne s'est rien dit de tel. D'où
vient alors qu'il ait, mieux que Beethoven, au moins pour
ce qui est du thème initial, réalisé le type ? Il n'avait
nulle conscience de ce que ce type devait ou pouvait
être. — Donc, il l'ignorait ! — Il l'a réalisé. Donc il ne
l'ignorait pas. Donc il en avait la connaissance infuse
et inconsciente tout ensemble. — Mais une connaissance inconsciente est un pur non-sens ! — Oui, si la
notion de « conscience » est impliquée dans celle de
« connaissance ». Or, c'est précisément ce de quoi l'on

dispute. Et c'est ce à quoi l'attention des artistes et des psychologues ne saurait trop s'appliquer.

Je me demande toutefois s'il conviendrait d'éveiller l'attention de l'artiste créateur ou compositeur sur ce qui se fait en lui pendant qu'il compose ou invente. Les actes automatiques veulent rester tels. Dès que la volonté se mêle de les accomplir, elle les manque. Et il est une part d'automatisme inséparable de toute invention.

C'est ce dont l'artiste se rend compte. De là son antipathie pour le critique. Les éloges l'encouragent. Les reproches le dépriment. Mais, par-dessus tout, les explications l'irritent. Au temps où nous suivions les leçons de Taine à l'École des Beaux Arts, il nous semblait que ces leçons étaient, pour les élèves de l'École, une source à peu près intarissable d'étonnements. Taine leur semblait un chercheur de causes imaginaires. Que de fois n'entendions-nous pas dire : « Mais ni Michel Ange ni Rubens n'ont été chercher si loin leurs raisons de composer, de dessiner, de colorer. Ils ont vu et ils ont décrit. » C'est ainsi, en effet, que les choses ont lieu dans la conscience de l'artiste. Reste à savoir si ce que cette conscience saisit en bloc et comme d'un regard rapide ne s'est pas élaboré au delà d'elle. — Où ? — La question est absurde, l'âme n'étant à proprement parler nulle part. Mais il serait aussi absurde d'identifier la vie intérieure d'une âme d'artiste à ce qu'il est capable d'en savoir et d'en apprendre aux autres.

Ayons donc une bonne fois le sens commun. Or, le sens commun croit à l'inspiration de l'artiste avec autant d'assurance qu'il croit à l'instinct de l'animal. L'inspiration et l'instinct se ressemblent. Ils tendent à un but en choisissant les moyens de l'atteindre. Seulement, tandis que l'instinct se répète, l'inspiration se renouvelle. De là vient que ses miracles nous étonnent et que les miracles de l'instinct ont cessé de nous étonner.

De même que l'animal suit l'instinct, de même pendant la période d'invention, l'artiste écrit ou imagine sous la dictée de l'inspiration. Et l'expression de « dictée » nous paraît d'une irréprochable justesse. L'artiste ne s'attribue pas ses œuvres de la même manière que ses actes. C'est qu'elles ne sont pas *siennes* au même titre. Autre chose est ce que l'on fait. Autre chose est ce qui se fait en nous. Autre chose est ce dont on est le maître. Autre chose est ce dont il semble qu'on soit uniquement le dépositaire ou plutôt le véhicule. — « *Adsum qui feci.* » Voilà bien une phrase que l'artiste, s'il est sincère ne prononcera jamais. Depuis plus de vingt siècles, Socrate, par la bouche de Platon, ne lui en a-t-il pas intimé la défense ? Dans l'action, l'homme se possède. Dans l'inspiration, « il est possédé ».

Seulement, tandis qu'au temps de Socrate, on disait de l'artiste qu'un Dieu le possède, de nos jours la croyance à ce que l'on pourrait appeler l'athéisme de l'inspiration est à peu près unanime. L'inspiration ne vient plus du ciel. Et, comme l'artiste continue d'avoir conscience de la *recevoir* et non de la *produire*, on peut, sans encourir le reproche de sacrilège, se demander comment elle se produit et d'où elle vient. Car elle vient assurément de quelque part. L'œuvre d'art est une chose naturelle, soumise à des conditions d'éclosion et de développement naturelles : *l'art imite la vie.* Et c'est parce qu'il l'imite que, comme elle, il agit avec inconscience et avec choix. Ce sont là vérités qui ne datent pas tout à fait d'un demi-siècle, mais dont il n'est plus permis qu'au seul artiste de n'être pas convaincu fermement.

Or, si l'on croit aux lois de l'inspiration comme on croit à celles de l'instinct, pourquoi ne pas s'enquérir des unes aussi bien que des autres? C'est à une enquête de ce genre que nous nous sommes adonné, enquête difficile et qu'un seul ne saurait espérer du premier coup, conduire à ses derniers résultats. La psychologie musicale n'est d'ailleurs pas une étude entièrement nouvelle. M. Charles Lévêque nous a précédé dans la voie que nous avons dessein de suivre, et nous espérons profiter de ses mémorables exemples. Les articles originaux publiés par ce maître dans la *Revue philosophique* sur l'*Esthétique musicale en France* ont fixé depuis longtemps l'attention des philosophes et commencé d'attirer celle des musiciens. Elles ont été, j'imagine, la cause occasionnelle du charmant volume de M. Camille Bellaigue intitulé : *Psychologie musicale*. L'existence de la psychologie musicale est donc deux fois indiscutable puisqu'elle a un objet et un nom.

Chaque art a son esthétique. Chaque art a sa psychologie, qui est une province de son esthétique. C'est assez donner à entendre que la psychologie de la musique ne saurait se substituer à la critique musicale proprement dite, et que l'étude des lois inconsciemment suivies par l'artiste ne saurait remplacer celle des règles dont l'apprentissage réfléchi lui est obligatoire. Une forme musicale intéresse à un double titre: 1° par sa beauté propre extérieure, oserai-je dire ; 2° par sa signification intérieure. De plus il faut remarquer qu'on apprend à corriger une forme musicale imparfaite, tandis qu'on n'apprend pas à lui donner un sens. Ajouterons-nous encore qu'en l'absence de toute beauté esthétique, la signification intérieure d'une forme musicale reste sans portée ? Cela revient à dire que le musicien doit, avant toute chose, se préoccuper de bien savoir son métier, de dessiner de belles formes, de les colorer avec art. Le reste viendra de lui-même et par surcroît. On sait le mot de Beethoven sur le premier motif de la *Symphonie en ut mineur :* « Entendez-vous la fatalité qui frappe à la porte ! » C'est là une interprétation ingénieuse, mais trouvée après coup par l'auteur s'érigeant son propre interprète. De s'imaginer que Beethoven, avant d'écrire, s'était représenté la fatalité aux arrêts inexorables, aux apparitions soudaines et terrifiantes, c'est méconnaître comment l'artiste cherche et trouve. Encore une fois, il sait mal ce qu'il cherche : il ne sait bien que *ce qu'il a cherché.*

Lionel Dauriac.

PREMIÈRE LEÇON

Auber et *la Muette*

I. Idée générale du cours. — II. Les qualités dramatiques de la *Muette de Portici*. — III. Les qualités musicales du style d'Auber.

MESSIEURS,

Le second semestre universitaire, étant celui des examens et des vacances, dure en réalité, chacun le sait, trois mois à peine. Sa courte durée va donc nous contraindre à vite aller en besogne, à éviter les précautions oratoires, cela va sans dire, et même à rendre aussi brefs qu'il se pourra les exposés de motifs assez généralement indispensables quand il s'agit d'un enseignement nouveau, doublement .ouveau, ajouterai-je, puisqu'il l'est et dans sa matière et dans sa forme. Nouveau dans sa forme; c'est ce qu'atteste l'instrument que j'ai fait placer tout à côté de moi, dans cette chaire, pour appuyer mes assertions de preuves; non pas uniquement pour citer, pour faciliter l'évocation de vos souvenirs, mais pour analyser, décomposer et, s'il y a lieu, démonter pièce à pièce les phrases musicales, chaque fois que nous aurons jugé utile d'en examiner le plan de structure. Voilà donc le piano descendu à l'humble rôle d'instrument démonstrateur; il sera comme notre « tableau noir ».

Nouveau dans sa forme, cet enseignement ne l'est pas moins dans sa matière. Pour la première fois, non en France, puisque, depuis l'année 1893, pendant trois ans, sur l'affiche des cours ordinaires de l'Université de Montpellier, a figuré le titre d'un enseignement semblable à celui que vient d'autoriser la Sorbonne, mais dans un amphithéâtre de la Sorbonne, il va être traité de musique, d'esthétique et aussi — vous vous en apercevrez bientôt — de psychologie musicale... Et, puisqu'il s'agit d'un enseignement nouveau, dont il s'en faut que l'opportunité soit généralement reconnue évidente, dont, par suite, les destinées sont fort incertaines, nous ne saurions trop remercier le Doyen et les professeurs de la Faculté des lettres d'en avoir permis l'essai.

I

Qu'entendons-nous par « esthétique musicale appliquée »? Le choix de l'adjectif est, j'en conviendrai, assez impropre. Il ne saurait être question d'appliquer, pour notre propre compte, aucune maxime ou aucun dogme d'esthétique. Tel pourrait être le dessein d'un compositeur qui, au lieu d'obéir à ce qu'on est convenu d'appeler l'inspiration, se tracerait, avant d'écrire, un plan de composition d'après des lois ou des règles préconçues et préadoptées. Tel est Richard Wagner, dont *la Tétralogie*, pour n'en être pas moins un chef-d'œuvre, nous offre un des types les plus achevés que l'on connaisse d'une esthétique en action. C'est là, si jamais il en fut, de l'esthétique musicale appliquée. C'est même davantage. Car ce n'est pas seulement un genre musical, mais un art nouveau, que Wagner est venu créer-

Voici ce que je voudrais essayer. Je voudrais, non pas
appliquer une esthétique, mais rechercher au moyen de
textes connus, éprouvés, admirés, les maximes d'esthétique
dont ces textes dérivent, dont ils sont, quelques-uns d'entre
eux, tout au moins, d'éminentes applications, ou, pour mieux
dire, « illustrations ». *Esthétique musicale appliquée* sera dès
lors, si vous y consentez, synonyme d'*Esthétique musicale
illustrée*. Mais, pour substituer à un terme impropre et,
jusqu'à un certain point, consacré par l'usage, — ne donne-
t-on pas à la salle « la Bodinière » le nom de « théâtre d'application » ? — un terme mieux approprié, il eût fallu attendre
ce que l'on attendra longtemps encore, à savoir que
l'habitude se prenne de rendre au terme « illustration »
sa signification d'origine, celle de « mise en lumière »
ou, ce qui revient exactement au même, de « mise en évidence ».

Si telle est la nature des leçons que nous nous sommes
proposé de faire, et dont le caractère philosophique ou
plutôt psychologique apparaîtra d'autant mieux que nous
serons plus avancés dans nos recherches, les faits par
nous appelés en témoignage n'auront de valeur à nos yeux
que dans la mesure où ils se laisseront presque immédiatement convertir en preuves. L'histoire de la musique en
France, au xixᵉ siècle, nous fournira la matière de nos argu-
ments. Mais, des événements de cette histoire, ceux-là seuls,
ou tout au moins principalement, nous sembleront dignes
d'examen, dont se dégagera soit une maxime d'esthétique,
soit une vérité de psychologie.

Puisque c'est à l'esthétique et à la psychologie musicale
que sont réservés nos entretiens, et que l'histoire nous servira seulement à ordonner nos textes, nous serions libres
d'aller prendre ces textes où bon nous semblerait, dans la

musique sacrée, dans la musique profane, dans la musique
de concert ou dans celle d'opéra...

Mais à quoi bon recourir à des textes que les seuls connaisseurs ont lus et étudiés, alors qu'il en est d'autres, démo-
dés peut-être, présents néanmoins à toutes les mémoires,
extraits d'œuvres, qu'une fois au moins dans sa vie, chacun
de nous s'est fait un devoir d'aller entendre ? De ces textes,
si la chronique se détourne, puisque, par définition, elle
se désintéresse du passé, il faut que la critique s'empare
pour les considérer de plus loin et, si possible, de plus haut,
pour juger les œuvres par comparaison avec celles, ou dont
elles dérivent, ou dont elles sont comme la préface ou
l'ébauche. En Allemagne, j'eusse demandé mes textes à la
symphonie. En France, je les chercherai dans la musique
d'opéra, puisque l'opéra est le seul genre musical qui, chez
nous, ait jamais été en faveur.

Ajouterai-je que la musique d'opéra fournit à l'esthéti-
cien une matière, non pas peut-être d'une richesse plus
abondante, mais d'une exploitation plus prompte et plus
sûre que la symphonie ou le quatuor? S'il est une question
obscure et irritante entre toutes, — attendu qu'à n'y point
répondre on se trouve comme arrêté au seuil même de
l'esthétique musicale, — c'est celle qui touche au pouvoir
d'expression de la musique, aux moyens par lesquels, aux
limites entre lesquelles ce pouvoir s'exerce. Ces limites, on
ne saura jamais où les situer tant qu'on n'aura point étudié
les textes des grands symphonistes ou même des grands
organistes. En s'attachant tout d'abord aux textes de musique
dramatique, on hâtera néanmoins la solution du problème.
Si la musique peut se passer du secours de la parole, et elle
peut s'en passer, c'est que, par elle-même, la musique nous
émeut. Toutefois il est possible que, par elle-même, la mu-

sique ne signifie rien. Il est également possible que, dépour-
vue de toute valeur significative, elle ait une puissance « de
suggestion » à nulle autre comparable. D'autre part, si la
musique recherche l'alliance de la parole, c'est qu'en de
certaines conjonctures cette alliance lui est indispensable.
Mais est-ce pour donner plus de force à ce qu'elle signifie
ou voudrait signifier? N'est-ce pas plutôt afin de donner à
ce qu'elle s'efforce de rendre une précision que ses moyens
naturels lui interdisent d'atteindre ? —

Aux deux raisons que je viens de dire, une troisième
s'ajoute, celle qui, je l'avoue, dans mon esprit, a devancé
les deux autres et m'a presque impérieusement dicté mon
sujet. Je m'étais inquiété, comme tant d'autres, des causes
pour lesquelles le *Tannhäuser* avait échoué sur notre
théâtre, alors que, trente-six ans plus tard, *Lohengrin* devait
y être acclamé. Que manquait-il à ceux qui, en 1860, pour-
suivaient Wagner d'une haine implacablement railleuse, et
comment s'était faite leur éducation musicale? C'est là, si
jamais il en fut, une question actuelle. Dès lors, s'il arrive
aux idées que j'aurai occasion de semer dans nos entretiens
d'en faciliter la réponse, le profit ne sera point médiocre.
Nous serons à peu près en état de savoir dans quelle mesure le goût musical dérive de la mode et quelles lois gouvernent ses apparents caprices.

Après tout, quand il serait vrai qu'en musique, la mode
règne et gouverne, il n'en résulterait pas, nécessairement,
que l'histoire des variations du goût musical dût nous apparaître comme une simple succession de faits, ou plutôt
de métamorphoses sans lien, c'est-à-dire sans raison. Les
associations par contraste ne sont-elles pas, dans la vie de
l'esprit, presque aussi fréquentes que les associations par
ressemblance? Si, dans l'ordre politique, les extrêmes se

touchent, en sorte qu'à la tyrannie succède l'anarchie, c'est donc que cette succession n'est pas fortuite, que plus un excès a duré, plus l'excès contraire a chance de suivre ; bref, que l'idée d'évolution ou de développement, — car ces deux idées reviennent au fond l'une à l'autre, — n'est nullement incompatible avec celle d'oscillation ou de rythme. N'est-ce pas, en effet, une sorte de nécessité rythmique qui semble présider aux mouvements de la mode? Les robes et les chapeaux alternativement se raccourcissent et s'allongent. Et ce ne sont pas seulement les extrêmes qui se suivent, mais, ainsi que le soutenait Platon, et avant Platon, Héraclite, les contraires qui naissent des contraires.

L'idée d'évolution et l'idée de rythme, ou d'ondulation, ou de réaction, ne sauraient décidément s'exclure. Il suffit, pour qu'il y ait évolution, que quelque chose de ce qui est se retrouve dans ce qui va être, qu'on ne puisse remonter le cours du temps, recommencer l'histoire, et que la loi du « toujours plus avant », qu'il ne faut pas confondre avec celle du « toujours plus haut » ou « toujours vers le meilleur », se joue de nos efforts pour la contredire et la combattre.

Il n'en reste pas moins qu'en vertu d'un préjugé dont nous ne sommes pas encore affranchis, nous persistons à confondre deux idées dont le voisinage ne saurait empêcher qu'elles ne soient et qu'elles ne doivent rester distinctes : celle d'évolution, celle de mouvement en ligne droite. Et c'est à la faveur de ce préjugé que si, en Allemagne, nul ne doute qu'une loi d'évolution ne préside aux mouvements de l'art musical, en France, beaucoup en doutent.

En Allemagne, on dirait que le développement de la musique s'est fait presque en ligne droite. La fugue fait éclore la sonate. De la sonate naît la symphonie, de la symphonie le poème symphonique, dont la *Symphonie avec Chœurs* nous offre un mémorable exemple. Wagner est l'héritier de Gluck. Il l'a dit, et ses œuvres l'attestent. Entre la « rêverie d'Elsa au balcon » et, par exemple, la monodie d'Orphée, au troisième acte, les analogies, si j'ose dire, sautent aux oreilles. Donc Wagner descend de Gluck. C'est chose convenue. Mais, à ne considérer que la partie musicale de son œuvre, il résume en lui les grands maîtres de l'art allemand, les Sébastien Bach, les Mozart et les Beethoven. En sorte que, si l'art des maîtres d'Italie n'avait influé sur celui de Wagner, et l'on en trouverait jusque dans *Tristan et Iseult* d'éclatants témoignages, nous serions en droit de conclure qu'en Allemagne, l'évolution de l'art musical est une évolution du type simple et rectiligne. Le progrès y est continu. — C'est le contraire en France, où, depuis le commencement du siècle jusque vers 1860, les influences allemande et italienne se sont disputé nos artistes et notre goût. Dans ce conflit d'influences, il est à craindre que la musique française n'ait sombré pour toujours, et aussi le goût musical français. Je n'ai pas dit : « le goût musical des Français ». Car en nul autre temps plus qu'au nôtre, la jeunesse française ne s'est montrée avide de jouissances musicales. Mais elle s'est confinée dans le culte, ou des grands musiciens de l'Allemagne, ou de musiciens français, dont on voudrait être sûr qu'étant de leur école, ils sont aussi de leur race. L'œuvre la plus exclusivement française de notre fin de siècle, la *Carmen* de Bizet, compte à peine vingt-deux années d'existence. Nous avons mis six ans au moins à la découvrir. Et certes, aujourd'hui, le philosophe allemand Nietzsche n'est point seul, tant s'en faut, à élever *Carmen* à la dignité de chef-d'œuvre. *Carmen* n'en est pas moins, chez nous, dans son pays d'ori-

gine, à la veille de devenir ce que sont devenus, par exemple,
ou les *Dragons de Villars* ou *Paul et Virginie*, une œuvre
pour le divertissement du gros public, un opéra de
dimanche à l'usage de ceux qui vont au théâtre pour achever de se reposer le septième jour.

Ce n'est donc pas, Messieurs, tous les trente ans seulement que, chez nous, on se déjuge, mais tous les quinze et
même tous les dix ans. Et je viens de dire qu'on se déjuge,
parce que chez nous, — au rebours de ce qui a lieu
chez les Allemands, où d'être allé la veille acclamer le
Rheingold ne saurait empêcher d'aller le lendemain applaudir les *Noces de Figaro* et, le surlendemain, l'*Éclair* ou
la *Muette*, — chez nous, dis-je, l'admiration qu'aucune pali-
nodie n'accompagne et ne consacre, est tenue pour suspecte.
Ainsi chez nous, et plus peut-être qu'en aucun pays d'Europe, l'évolution de la musique est sujette à des réactions
violentes et soudaines, comme si notre génie national manquait des ressources suffisantes pour résister à l'influence
étrangère. Au temps de Méhul et d'Auber, l'influence des
Gluck et des Rossini a pu être bienfaisante, parce que les
exigences de notre goût naturel en ont réglé le cours et
limité la force d'expansion. Mais, aujourd'hui, ne dirait-on
pas que le frein nous échappe, que l'âme musicale de nos
compositeurs va se germanisant de plus en plus, et qu'à
cette émigration de l'art correspond une émigration si-
multanée de notre goût et de notre intérêt esthétique?
Vous pressentez, n'est-ce pas, Messieurs, combien curieuse
et instructive serait l'histoire de ces variations ou, plutôt, de ces révolutions de l'art et du goût français. Et
nous savons que cette histoire est possible, puisque la suite
des faits y est réglée, puisque toute crise révolutionnaire,
toute insurrection apparente du goût dérive de causes

préexistantes et préagissantes. Notre dessein n'est pas, ne
saurait être, d'entreprendre cette histoire. Nous nous pro-
posons de faire, avant tout, métier de philosophe et de psychologue. Aussi bien nous serait-il impossible d'improviser
en nous les habitudes d'esprit et de méthode auxquelles se
reconnaît l'historien véritable. Notre dessein est de chercher comment naît, grandit et meurt une forme musicale ;
quelles actions réciproques s'exercent entre elles et les
formes environnantes. Une telle recherche est impossible,
à moins que l'on ne touche aux événements de l'histoire et
même que l'on n'y porte, presque jusqu'au scrupule, le respect de l'ordre chronologique. Les intérêts de l'histoire se
trouveront donc, par l'effet d'une nécessité dont nous
eussions inutilement secoué le joug, engagés dans nos recherches. Nous veillerons à ne les point desservir.

II

Reportons-nous maintenant, Messieurs, à soixante-huit
ans en arrière, au moment où va grandir la génération
qui, en 1860, sifflera *Tannhäuser*. C'est là, entre paren-
thèse, ce qui vous expliquerait pourquoi nous avons jugé
utile de remonter jusqu'à l'an 1828, si vous ne saviez tous
que 1828 consacre la renommée d'Auber, et qu'Auber passe,
fort justement, à l'étranger, pour le plus français des musiciens nés en France. Donc on vient de jouer la *Muette*. Le
grand, l'incomparable Adolphe Nourrit, — je n'en puis
malheureusement parler que par oui-dire, — s'est montré
tour à tour enlevant et pénétrant : enlevant, il l'a été dans
ce *duo* célèbre, fort heureuse contribution à ce qu'on pour-

rait appeler le genre musical patriotique (si tant est que ce
soit là un « genre naturel ») ; pénétrant, il l'a été ou a dû
l'être dans la *Cavatine du Sommeil* : célèbre aussi, cette
cavatine, d'une inspiration plus élevée, sinon plus ardente,
d'un style gracieux et sobre. Mais les contemporains de la
Muette, s'ils y trouvaient des airs de prédilection, n'en
trouvaient, qui plus est, pas un seul où il n'y eût à louer.
Tout y est clair, tout y est joli, tout y est facile à retenir.
Ceci se disait en 1828. Plût aux dieux qu'aujourd'hui l'on
s'empressât à dire le contraire ! Car alors il faudrait prouver ce que l'on avance ; et, parmi ceux que l'on persuade-
rait, peut-être aurait-on la chance d'en persuader quelqu'un... à rebours. Mais qui parle aujourd'hui de la *Muette*?
Qui s'aviserait d'étudier cette partition si facilement et si
diligemment écrite ?

Et pourtant les « bons musiciens », — ainsi que l'on
disait alors, et que l'on a continué de dire en parlant, non
pas de ceux qui savent jouer ou chanter, mais simplement
de ceux qui savent entendre et juger — les bons musiciens
de l'époque de la Restauration accueillirent avec la joie de
l'attente surpassée ce premier exemplaire d'un genre exclusivement national : ce n'est point l'opéra-comique que je
veux dire, mais bien le grand opéra français (1). Meyerbeer
et Halévy illustreront le genre musical nouveau. L'ordre
chronologique exigerait qu'Auber en fût le créateur.

Les contemporains d'Auber devaient donc s'attacher aux
mérites dramatiques de la *Muette*. Il leur plut d'entendre
gronder dans l'orchestre, pendant l'*Ouverture* « la colère du

_____

(1) Ce grand opéra se distingue par le choix des sujets, par leur origine historique et moderne. On ne les va plus chercher dans la Bible
ou dans la tragédie grecque. On préfère aux sujets de *tragédie* les sujets de *drame*.

peuple ». Le personnage de la « Muette » les intéressa presque
jusqu'à les attendrir. Ne s'avisèrent-ils pas que le musicien
avait su lire dans son âme et lui avait rendu comme une
sorte de langage ?

Cela fut dit, écrit, commenté ; cela et bien d'autres choses
du même genre. Bref, on loua dans le chef-d'œuvre d'Auber les qualités d'interprétation dramatique, qu'une tradition, vieille de près de deux siècles, imposait encore à tout
compositeur d'opéra. Il fallait, non plus peut-être, comme
au temps des *Alceste* et des *Armide*, s'asservir au texte, et
en revêtir jusqu'aux moindres parties d'une musique appropriée, mais se conformer aux exigences des situations
et des caractères. De bonne foi, les contemporains d'Auber
se sont imaginé que, tout en renouvelant le genre, il con-
tinuait la tradition. Nous serions volontiers, nous, d'un
avis contraire. Et volontiers nous dirions qu'Auber, médiocrement soucieux du drame musical, rachète amplement
ses négligences par d'incomparables mérites d'invention et
de style. L'opinion, même celle des connaisseurs du temps,
semble, dès lors, s'être égarée sur son compte. Où trouver
sinon les causes, du moins les prétextes d'une erreur aussi
évidente ?

Et d'abord on avait foi dans la tradition. On la croyait
encore vivante et régnante. Ensuite on avait, jusqu'à un
certain point, le droit de prétendre qu'Auber n'avait pas
toujours écrit sous la dictée de l'imagination, sans se
soucier de ce qu'exigeait le drame. A vrai dire, s'il nous
arrivait de vouloir chercher dans la partition de véritables clartés sur les états d'âme de la pauvre Fenella,
nous en serions pour nos frais de recherche. C'est qu'aussi
bien nous savons ou croyons savoir, aujourd'hui, ce que
c'est qu'une âme et qu'un état d'âme. Nos pères le

savaient, mais plus confusément que nous. Aussi leur suf-
fisait-il de quelques trémolos dans l'orchestre, pour se
figurer aussitôt que le compositeur avait fait œuvre de
psychologue. Or il faut bien convenir que, de temps à
autre, dans la *Muette*, l'orchestre s'agite. Parfois même il
s'assombrit. Considérez l'*Ouverture* et exceptez-en le final:
vous y trouverez une « éclaircie » pas davantage, je veux
dire une seule phrase majeure, accompagnée, il est vrai, par
le triangle, ce qui en accentue la gaieté... et la trivialité.
Comparez maintenant l'ouverture de la *Muette* à celle
d'*Otello* et dites laquelle des deux est la meilleure, j'entends
la plus dramatique, la plus digne de servir de préface à
une tragique et sombre fable? Pour le dire, vous n'aurez
pas longtemps à chercher.

Souvenez-vous, en effet, comment débute l'ouverture de
la *Muette*, et observez que la phrase d'exorde y répond, in-
discutablement, à un dessein dramatique. Examinez comment cette phrase est faite. Aussitôt frappé le premier
accord, comme si l'on frayait une issue à une source, les
eaux roulent, et le torrent des doubles croches se précipite.
Il n'en descend pas moins tous les degrés de la gamme.
Arrivée au terme de sa course, la phrase remonte par
degrés chromatiques jusqu'au sommet d'où elle vient de
descendre... Où est la mélodie? De mélodie proprement
dite, il n'en est pas ici. On dirait d'un dialogue, ou plutôt d'un monologue dont certains mots nous arrivent,
mais interrompus par des interjections ou des spasmes.

Décidément, cette phrase musicale a sa destination hors
d'elle-même et ne s'adresse pas uniquement à notre oreille.
Et cette phrase qui court sur les degrés de l'échelle des
sons, qui les descend, les remonte, mais pour n'aller nulle
part, et qui subitement s'arrête, comme épuisée par son

propre élan, éveille en nous des images de course sans
but, comme celles qu'improvise ou l'affolement ou l'effroi.
Aussi reparaît-elle dans l'orchestre au moment où Fenella,
accourue près de son frère, toute tremblante, maudit par
des gestes tristement éloquents les excès de l'insurrection
victorieuse :

Notez à ce propos — et ceci est d'un curieux intérêt
pour la psychologie musicale — que cette même phrase doit
son effet étrange à l'absence de tonique, j'entends de tonique
comme note de repos ou de halte. Il en est ainsi des phrases
musicales interrogatives. Nous le remarquerons plus d'une
fois. Elles se terminent sur la dominante, ou sur la quarte,
ou sur la sensible. Elles restent suspendues, comme dans
l'attente d'une autre phrase qui viendrait les continuer et
les compléter. Je sais bien que, dans ce passage de la
Muette, il s'agit de traduire des exclamations, et non pas
précisément des interrogations. Mais il en est du chant
comme de la parole. Le ton de celui qui interroge et le ton

de celui qui s'exclame sont généralement assez voisins.
D'ailleurs, pour s'écrier, ne faut-il pas s'étonner? Et tout
étonnement ne doit-il pas être accompagné d'une sorte
d'interrogation intérieure? On est surpris par l'événement,
on admire qu'il ait eu lieu, et l'on se demande pourquoi.
Au surplus, voici qui achèverait de prouver l'analogie sur
laquelle j'appelle vos remarques : combien souvent ne
sommes-nous pas embarrassés de choisir, quand il faut
ponctuer, entre le signe de l'exclamation et celui de l'interrogation? Beaucoup craindraient de faire une faute,
attribuant faussement à une insuffisante mémoire des règles
l'hésitation dont la psychologie vient de nous donner la
cause. Et voilà comment il se fait que dans les phrases du
type exclamatif ou interrogatif les musiciens avisés n'ont
guère recours à la tonique, si ce n'est du moins comme
note de passage.

Il est dans notre ouverture de la *Muette* une autre phrase,
bien connue celle-là, et où la progression est chromatique,
chose assez contraire aux habitudes de l'écrivain (1) :

C'est sur cette phrase que Feuella court se précipiter
dans le Vésuve. Je m'étonnerais qu'Auber l'eût écrite sans
songer à la scène finale de l'opéra. L'inspiration lui en

(1) Les mélodies d'Auber sont assez généralement du type diatonique : les « fragments de gamme » y dominent.

serait venue par l'intermédiaire de l'imagination... dirai-je
visuelle ou psychologique? Car sur quoi, principalement,
l'imagination du musicien s'est-elle fixée? Sur la course à la
mort de l'héroïne? Ne serait-ce pas plutôt sur son incurable
désespoir? Je me fais peut-être illusion. Mais il me semble que
la phrase exposée par l'orchestre est l'écho d'une plainte, et
que la progression chromatique y a pour effet, sinon pour
but, d'effacer, autant qu'il est possible, toute différence
entre le chant et le cri naturel. Quand nous crions, ne
chantons-nous pas? Depuis Helmholtz, nul n'en devrait
douter. Quand nous crions, nous parcourons une étendue
sonore. Dans la plainte ou le cri, l'espace sonore parcouru
se figurerait fort bien par une ligne. Pour figurer le chant
proprement dit, à cette étendue linéaire on substituerait
une suite de points ou une échelle. Et c'est de là qu'est
venu le nom « d'échelle musicale ».

Nous venons d'analyser deux textes d'autant plus dignes
de remarque que l'intention dramatique y paraît évidente.
A ces deux fragments ajoutez le célèbre *duo* pour voix de
ténor et de baryton, vous aurez fait le dénombrement des
parties dramatiques (1) de l'opéra. Peut-être, à mon sens du
moins, en aurez-vous dénombré les parties caduques, celles
dont l'admiration s'est justement retirée.

III

Oui, à ces pages trop unanimement célébrées jadis, j'en
préfère d'autres, non point passées sous silence, je l'ac-

_____

(1) Je parle, bien entendu, des parties dramatiques de la *partition*,
non du livret.

corde, mais accueillies tout au plus avec une faveur égale,
ce qui nous paraît une injustice, car ce sont là morceaux
de premier ordre, et qu'un véritable grand maître n'eût pas
dédaigné de signer. J'admire la *Prière*, pour l'impression de
recueillement qu'elle donne, pour le sentiment religieux
qu'elle excite, et surtout pour la noble simplicité du style
musical. Je trouve à la *Cavatine du sommeil* des qualités du
même genre, avec une nuance de tendresse qui manque, qui
d'ailleurs devait manquer à la *Prière*. Mozart développe avec
une maîtrise qu'Auber ignorera toujours. Et à l'élévation il
sait unir le charme. Pourtant cet « air du sommeil »,
l'un des plus beaux que le musicien ait su écrire, doit sa
juste célébrité à des mérites d'invention et de forme. Et
ces mérites trahissent la lecture des maîtres de la symphonie, et de Mozart en particulier.

Feuilletez encore la partition. Voici un admirable chœur
et traité dans le goût classique. C'est le chœur du « mar-
-ché ». L'inspiration en est gracieuse, facile, abondante.
Mais ce qui vaut mieux encore, c'est l'art avec lequel ce
joli thème est traité, modulé, et, chose tout à fait excep-
tionnelle, *développé*. La valeur d'art y est, par endroits,
voisine de celle des meilleurs finals d'Haydn.

De ces témoignages — et l'on pourrait les multiplier —
il faudrait donc conclure que, chez Auber, l'écrivain est très
supérieur à l'auteur dramatique, et qu'en lui, le musicien
surpasse, et presque infiniment, le compositeur d'opéras.
Et c'est assez notre avis. A ceux qui en douteraient, nous
répliquerions que, si Auber s'est trouvé créer le grand opéra
français, il le doit à un accident heureux. Mais ce qui n'est
pas chez lui le fait d'un accident, ce qui est le résultat de
ses facultés natives, c'est le point de perfection jusqu'où il
a porté l'opéra-comique. Je ne dis point cela, tant s'en

faut, pour ôter à sa gloire. Je le dis pour caractériser son talent, pour lui assigner sa vraie place dans l'histoire de l'art. Qu'est-ce, en effet, que l'opéra-comique ?

L'opéra-comique français est une comédie où l'on chante pendant que l'action s'arrête. Et, comme l'action y est du type comique, les grandes passions n'y sont point de mise ; et les situations tragiques non plus. La musique s'efforcera donc d'y être agréable ; elle plaira sans émouvoir. Et, comme les moments de chanter seront ceux où l'action se trouvera être ou ralentie ou suspendue, le musicien aura toute liberté de suivre son idée musicale, de broder sur sa trame mélodique sans avoir à craindre que les exigences du drame ne viennent la rompre. Le style du drame musical peut manquer de distinction s'il ne manque pas de vérité. Nous en aurons bientôt la preuve. Mais, de même que, dans la comédie, la distinction du style est un ornement du dialogue, de même, dans un opéra-comique, les qualités de la langue musicale seront appréciées pour elles-mêmes. Un musicien d'esprit y réussira toujours. Et Auber est, par excellence, un musicien d'esprit.

J'ai peut-être eu tort de laisser échapper ce mot : non qu'il ne convienne à l'homme et aux œuvres dont je parle, mais parce que je me sens obligé de le définir. Et ce n'est point chose facile. On peut avoir de l'esprit quand on parle, parce qu'on exprime généralement soit des idées, soit des nuances d'impression ou de sentiment. Mais comment avoir de l'esprit en musique, où, si l'on a quelque chose à dire, la langue des mots offre des ressources que n'égalera jamais la langue des sons ? Pourtant, qu'il y ait de l'esprit dans la musique des *Noces de Figaro*, dans celle du *Barbier de Séville*, dans celle du *Domino noir*, et jusque dans celle de la *Muette*, où l'on s'en passerait fort bien d'ailleurs, nul n'en doute. Si j'en cherche le motif, c'est qu'il arrive à ces trois maîtres : à Mozart, à Rossini, à Auber, de faire naître en nous l'espèce de plaisir, assurément indéfinissable, mais non moins assurément reconnaissable, que nous donnent les gens d'esprit. Et, de même que les gens d'esprit nous charment, nous égaient et nous entraînent par des rapprochements inattendus d'idées ou de mots, de même il peut arriver que des musiciens excitent notre bonne humeur par une alliance heureuse ou de sons ou de phrases. Nos pères ne s'en rendaient peut-être pas compte. C'est cela néanmoins qui leur faisait aimer, entre toutes, la musique d'Auber.

Personne, je le crois, n'a pris la peine d'exprimer la remarque, mais je serais vraiment étonné que personne ne l'eût faite, à savoir qu'il n'est pas de musicien supérieur, je dirais presque égal à Auber *pour la facilité de faire saillir les thèmes les uns des autres.* Chose tout à fait rare, il soigne ses phrases incidentes à l'égal des phrases principales. Sont-ce même là des phrases incidentes ? Pour mieux nous en rendre compte, rappelons-nous, dans *Fra Diavolo,* la première page de l'*Ouverture.* Écoutez : ces phrases se suivent, en effet ; mais la succession y résulte d'une sorte de causalité. On dirait, en effet, qu'elles émanent les unes des autres comme si la phrase initiale en était la cause, sinon efficiente, du moins occasionnelle :

Maintenant, isolez ces phrases. Examinez de plus près chaque thème : il vous paraîtra se suffire, il offrira la même plénitude de sens que s'il se présentait sans être annoncé par un autre thème.

Par cette qualité, ou, du moins, par le degré jusqu'où il la porte, Auber reste unique, et non seulement dans l'histoire de la musique française, mais encore dans l'histoire de l'art musical. J'en connais qui l'ont comparé à Voltaire. Il serait de bon ton, peut-être, de s'offenser du rapprochement, par respect pour la dignité des lettres françaises et pour le grand nom de Voltaire. Une part de vérité, quand même, se dégagerait de la comparaison. Voltaire est, en effet, le plus merveilleusement précis des écrivains. Il ne développe guère. Je veux dire qu'au lieu d'illustrer une pensée par une image, ainsi que fait Bossuet, ainsi que fera Rousseau, Voltaire, à côté de l'idée qu'il vient d'exprimer, en fait saillir une autre, et qui n'est pas exactement le reflet de la précédente. Elle se suffit à elle-même, et vous ne souhaiteriez point l'ôter de sa place. Et cependant c'est par cette idée-là que la phrase, aussi bien, eût pu commencer. Voltaire est donc prolixe? jamais il ne dit que l'essentiel. Sa phrase ne contient guère plus de mots que d'idées. Ni prolixe ni concis. Car au delà de ce qu'il pense, il ne nous donne rien à penser. Là est le secret de cette précision où lui seul a su atteindre : aussitôt visé, aussitôt touché. C'est qu'il est étonnamment maître de sa plume. Et, s'il est à ce point maître de sa plume, c'est qu'il l'est aussi des mouvements de son cœur, d'un cœur qui sait battre, sans doute, mais ne sait battre que d'un mouvement régulier, désespérément régulier. Il est certes des styles, dans l'histoire de notre littérature, que l'on peut mettre au-dessus du style de Voltaire ; il n'est point « de prose » dans la langue française, que l'on puisse égaler à la sienne.

Or la musique d'Auber a toutes les qualités d'une excellente prose, toujours claire, toujours précise, jamais redondante, exempte de passion et presque d'émotion, conséquemment très peu suggestive et, par suite, très raisonnable et très saine.

Auber, né en France, était donc prédestiné à l'opéra-comique. Né en Allemagne, il eût écrit des symphonies. Puisqu'il impropre au drame, et que les Allemands n'ont point d'opéra-comique, à moins de ne rien écrire, il se serait infailliblement adonné au genre musical illustré par Haydn, Mozart et Beethoven. Il eût fait reculer la symphonie jusqu'en deçà de Mozart. Peut-être même en eût-il rétréci le cadre. Je me le figure bien écrivant des menuets et au besoin des scherzos. Il y aurait, par exemple, un fort joli thème de *scherzo* à deux temps, à extraire d'une de ses dernières ouvertures, celle du *Premier Jour de bonheur*. Auber n'aurait su, je le crains, ni développer un *andante* ni même en écrire (1). Il eût volontiers remplacé l'*andante* par « le

(1) Les *andante* d'Auber sont manifestement inférieurs à ses *allegro*. L'originalité y est moins éclatante. Il ne manque, par exemple, à la « Cavatine du sommeil », pour être un chef-d'œuvre, que l'originalité du style. Il est dans l'*Ambassadrice* un très élégant andante pour soprano, en *la bémol* majeur : on le dirait de Mozart ou d'Haydn. Je

thème varié », — Haydn jusqu'à un certain point lui en eût
donné le droit, — et l'élégance de ses variations (souvenez-
vous de celles des *Diamants de la couronne*) lui aurait
valu, non point des enthousiastes peut-être, à tout le moins
des partisans. Quant aux allegros d'introduction et aux
finals, j'imagine qu'Auber en eût renouvelé la manière, en
substituant à la méthode du thème développé ce que, faute
d'un terme meilleur, j'appellerai celle des thèmes associés.
Et, si l'on reproche à cette méthode de convenir aux musiciens chez lesquels le souffle est court, je me demanderai
jusqu'à quel point le reproche de « courte haleine » est mé-
rité par Auber. Alors que d'autres développent et, — pour
me servir d'une métaphore dont la justesse excusera la
banalité, — déploient leurs ailes, notre musicien, lui, se
contente de courir et d'inventer à la suite et avec suite. Il
ne sait pas faire la monnaie de ses pièces, ce qui peut bien
être un défaut. Il met trop souvent la main à l'escarcelle.
Qu'importe néanmoins, s'il ne l'en sort jamais vide ! Et
toujours il l'en retire pleine, agile à la dépense. On dirait
parfois qu'elle sème sans regarder, cette main dont le
geste est aussi sûr qu'il est rapide. C'est que rien ne se
perd de ce qui lui échappe. C'est donc qu'à vrai dire, elle
ne se laisse rien échapper. C'est enfin que cet homme, si
richement, si étonnamment pourvu du côté de l'invention,
est un artiste plein de conscience, un écrivain très avisé,
très prudent, très habile à produire des choses faciles, mais
à les produire — presque autant que par la faveur de
l'inspiration — par l'effet du savoir et la grâce de l'habitude. La tradition rapporte qu'Auber a copié de sa main

ne parle pas des *andante*, — toujours pour soprano, — du *Domino
noir*. La forme en est, assurément, plus française qu'allemande, mais
la facture, à notre sens du moins, en est gauche et lourde.

les quatuors d'Haydn. Et il ne nous paraît pas que ni lui ni nous ayons eu à nous en plaindre. Mais où sont, dans l'œuvre d'Auber, les réminiscences du grand symphoniste ? Partout et nulle part. Il ne lui a rien pris de ses œuvres. Il a fait mieux. Il lui a pris quelque chose, je n'oserai dire : de son génie, j'espère que vous me permettrez de dire : de son âme musicale.

Si j'ajoutais que là sont les causes pour lesquelles Auber a trouvé tant de sympathie et même d'admiration en Allemagne, je supposerais ce que j'ignore. Je sais du moins que, dans l'opinion des Allemands, Auber est placé sensiblement plus haut, infiniment plus haut, que dans celle des Français d'aujourd'hui. J'en ai cherché le pourquoi. Et, l'ayant peut-être trouvé, j'ai pensé que vous me sauriez gré d'être venu vous le dire.

DEUXIÈME LEÇON

ROSSINI. LE TRAGIQUE DANS *Guillaume Tell*

MESSIEURS,

La *Muette de Portici* a été jouée en 1828. L'année suivante, Rossini nous donnait *Guillaume Tell*. C'est bien « à nous » qu'il le donnait, puisqu'il en avait écrit la musique sur des paroles françaises et que, visiblement, dans cette œuvre qui, à tort ou à raison, passe pour être son chef-d'œuvre, il s'était appliqué à satisfaire le goût français contemporain.

Vous m'accorderez, je l'espère, que du point de vue auquel il nous est impossible de ne point considérer les deux œuvres, celle d'Auber, celle de Rossini, *Guillaume Tell* doit nous sembler en pleine réaction sur la *Muette*. Les qualités dramatiques ont fait en grande partie la renommée de *Guillaume Tell*. La *Muette*, au contraire, a survécu — si tant est qu'elle ait survécu — uniquement par les qualités du style. Entre ces deux opéras, si la chronologie ne venait nous y contraindre, on imaginerait certes bien plus qu'une année

de distance. L'analogie, et encore lointaine, des sujets traités rapproche seule les deux opéras. D'où vient alors qu'un
même public les ait admirés, presque à l'égal l'un de
l'autre? On s'est mépris sur les beautés de la *Muette*, nous
le disions l'autre jour. On en a exalté les parties médiocres. — Soit. Mais, dans ce qui s'y trouve de meilleur,
les contemporains, eux aussi, surent trouver de l'excellent.
Donc il ne faudrait pas exagérer la méprise. Elle fut lourde.
Elle ne fut pas complète. Et alors la question subsiste : voici
deux ouvrages que, par leurs mérites, on pourrait opposer
l'un à l'autre ; d'où vient qu'en France, ils aient conquis
d'emblée la faveur publique? Ne convient-il pas d'attribuer
à un déclin visible de la tradition autrefois régnante, l'égal
succès de deux œuvres aussi dissemblables? C'est ainsi,
qu'au moment d'étudier *Guillaume Tell*, nous nous trouvons arrêtés devant un problème d'évolution musicale.

I

Il serait d'ailleurs inutile autant qu'imprudent de passer
outre, la question n'étant guère embarrassante. Car, s'il
peut y avoir évolution sans progrès, et si, comme le soutient le plus illustre des philosophes évolutionnistes d'aujourd'hui, l'évolution obéit à une sorte de balancement ou
de rythme, la rencontre intermittente, en un même point
de l'espace, de phénomènes extrêmement différenciés,
devient inévitable. Et la fréquence de ces rencontres est
favorisée par la multiplicité des influences simultanément
agissantes. Je m'explique. L'originalité musicale de la
nation française ne saurait être mise en doute. Nos chan-

sons populaires ont une physionomie qui empêchera toujours de les confondre avec les *lieder*. Nous savons inventer en musique ; mais, dans ce genre d'invention,
nous n'allons pas aussi loin que nos voisins d'Italie et
d'Allemagne. La preuve en est que nos compositeurs
du siècle présent se sont abreuvés, tour à tour, aux
sources allemandes et italiennes. D'où résulte un conflit
d'influences et, par suite, une extrême diversité de caractères dans les œuvres issues de ce double courant.
Est-ce à un conflit de ce genre que doit être attribuée la
cause du succès presque simultané de *la Muette* et de *Guillaume Tell* ?

Peut-être. Si l'on admet, d'une part, — et il n'y a vraiment pas lieu d'y contredire, — qu'Auber a subi l'influence
italienne, cette influence n'a pu devenir féconde qu'après
une période plus ou moins longue d'action inconsciente et
comme d'incubation. Si l'on pense, d'autre part, — et cela est
également vrai, — que *Guillaume Tell* est une œuvre d'influence française, puisque c'est sur un compositeur étranger que cette influence s'est fait sentir, il lui aura fallu le
nombre des années pour devenir pleinement efficace. Voilà
donc notre difficulté à peu près résolue.

En effet, si à un moment de l'évolution d'un art vous
faites correspondre un moment de l'évolution du goût,
nous voilà conduits à penser, d'abord, que Rossini n'a pu
venir se faire représenter en France sans y déterminer, à
la longue, un courant sympathique à ses œuvres ; en second
lieu, qu'il n'a pu séjourner en France sans subir, à son
tour, l'effet de cette sympathie enracinée dans l'âme de
nos pères pour le drame musical à peu près tel que
l'avaient conçu et réalisé les Gluck et, à quelque distance
des Gluck, les Méhul.

Enregistrons, dès lors, sans plus nous en inquiéter désormais, cette contradiction apparente du public français qui, sur le même théâtre, et presque la même année, s'en va consacrer par ses applaudissements le premier grand opéra d'Auber et le dernier grand opéra de Rossini. Aussi bien, cette contradiction, en l'expliquant, ne l'avons-nous pas en partie dissipée ?

II

Si maintenant, Messieurs, j'entrais d'emblée dans l'analyse de *Guillaume Tell*, j'encourrais le reproche de vous avoir laissés dans une erreur assez répandue, celle qui consiste à faire honneur à la France, et à la France seule, des qualités dramatiques de son auteur. Ces qualités, Rossini vivant en pays italien les eût-il jamais organisées ? J'en doute. Mais il les avait acquises hors de chez nous. Disons même, puisqu'il faut être juste, qu'il les tenait en partie de sa nature... mêlées à d'autres, assurément, évidentes néanmoins, parfois même efficaces. Et Stendhal ne s'y trompait point lorsqu'il écrivait : « La musique de Rossini, qui à chaque instant s'abaisse à n'être que de la musique de « concert, s'accommode fort bien du bel arrangement du « théâtre de Paris et sort brillante de cette épreuve. Dans « tous les sens possibles, c'est de la musique faite exprès « pour la France, mais elle travaille tous les jours à nous « rendre dignes d'accents plus passionnés (1). »

L'aveu est à retenir. Donc, longtemps avant *Guillaume Tell*, Rossini est sorti de sa première manière. Il a eu beau

(1) *Vie de Rossini.*

garder le goût des floritures, le:
son génie out déjà percé. Si *Gu*
in Egitto est de 1818. Et *Otello* e

D'*Otello* Stendhal a fait une cu:
maître a son admiration. Il ne f:
Rossini a toute la verve d'Haydn,
une fougue qui sait atteindre à la ,
pied de la lettre, et je rappelle qu
rement : colère. De cette *furia* vo:
gnages, entre autres les deux fin
celui du quintette, celui du seco:
citer mainte page de la *Semiramid*
que de forme mélodique, écrite né
lement. La langue en est ferme
plus de mouvement que d'élégan
naturelle, Rossini a pu avoir des i
a eus, si j'ose dire, au point de r
reis et de la situation. Dans *Ote*
écrire un air triste, et nonchalam

musicale ont dû, quand même, contribuer au succès. Chantée, cette phrase est tout simplement déchirante :

C'est un cri de douleur qui s'échappe d'une poitrine humaine, c'est le cri naturel presque littéralement traduit en
langage musical. Rossini saurait donc être pathétique s'il
voulait écrire moins vite et s'il ne se laissait pas entraîner par
les notes, comme tant d'orateurs se laissent entraîner par
les mots.

Après *Otello* vient, non pas le *Moïse* remanié pour l'opéra
français, mais le *Mose in Egitto*. Balzac, dans *Massimilla
Doni*, en a parlé sur le ton de l'enthousiasme. Je relève,
dans sa nouvelle, des expressions telles que celle-ci :
« immense poème musical difficile à comprendre du premier coup ». Rossini va donc maintenant exiger qu'on
l'*écoute*, lui que, pour admirer, il avait suffi, jusque-là,
« d'*entendre* »? « Ce n'est pas un opéra, écrit Balzac, mais
« un *oratorio*, œuvre qui ressemble effectivement à l'un de
« nos plus magnifiques édifices, et où je vous guiderai volon-
« tiers. Croyez-moi, ce ne sera pas trop que d'accorder à notre
« grand Rossini toute votre intelligence, car il faut être à
« la fois poète et musicien pour comprendre la portée d'une
« pareille musique. » Et ce qui suit n'est pas moins significa-
tif. La duchesse Massimilla a entrepris l'éducation musicale d'un Français, son médecin, qui s'étonne qu'un
« opéra italien ait besoin de *cicerone* ». — « Vous appartenez,
« lui dit la duchesse, à une nation dont la langue et le
« génie sont trop positifs pour qu'elle puisse entrer de plain

« pied dans la musique, mais la France est aussi trop com-
« préhensive pour ne pas finir par l'aimer, par la cultiver. »
Et l'analyse commence : « Le médecin entendit alors la
« sublime symphonie par laquelle le compositeur a ouvert
« cette vaste scène biblique. Il s'agit de la douleur de tout
« un peuple. La douleur est une, dans son expression, sur-
« tout quand il s'agit de souffrances physiques. Aussi, après
« avoir *instinctivement deviné*, — c'est moi qui souligne et
non Balzac, — « comme tous les hommes de génie, qu'il ne
« devait y avoir aucune variété dans les idées, une fois sa
« phrase capitale trouvée, il la promène de tonalités en tona-
« lités (1)... » Je cite toujours : « L'introduction est finie,

« reprend la duchesse. Vous venez d'éprouver une sensation
« violente : vous avez vu dans les profondeurs de votre ima-
« gination le plus beau soleil inondant de ses torrents de
« lumière tout un pays morne et froid... » L'analyse dure
pendant près de vingt pages. Et l'on dirait que Balzac né-
glige, de parti pris, tous les mérites de l'œuvre, étrangers à
ceux de l'expression.

Aussi, bien s'il nous plaisait d'aller chercher d'autres

(1) L'introduction dont il s'agit ouvre, dans le *Moïse* français le second acte. L'analyse de Balzac est de tout point exacte. Et l'on pourrait
instituer une comparaison curieuse entre ce chœur et, par exemple, le
premier chœur de *Samson et Dalila*.

témoignages et de consulter d'autres textes plus connus,
ceux du *Barbier de Séville*, par exemple, nous y trouve-
rions autre chose que des phrases bien venues et brillam-
ment écrites. Je citerai pour mémoire au premier acte, l'air
d'entrée de Figaro; au second, l'air d'entrée du Comte, le
grand air « de la Calomnie »; au troisième, la phrase d'Almaviva : *Que le ciel vous tienne en joie*, et, par-dessus tout,
le célèbre *quintette*.

Ce sont là de bonnes et belles pages de musique dramatique. On a déjà remarqué, d'ailleurs, qu'entre Beaumarchais et Rossini les affinités avaient assez de puissance
pour faire naître le style musical commandé par la situation. Rapprochez en effet l'auteur français du *Barbier de
Séville*, non Castil-Blaze, mais Beaumarchais, de son illustre
interprète musical : ne vous sembleront-ils pas faire à peu
près la même chose, l'un avec les mots de la langue française, l'autre avec les sons de la gamme? Chez Beaumarchais, le jaillissement est perpétuel, et des idées, et des mots
qui parfois ont l'air de courir au-devant d'elles, tellement
le vocabulaire est riche et la facilité d'improvisation étour-
dissante. Tous les personnages du drame de Beaumarchais,
sauf les personnages-victimes, don Bazile et Bartholo, n'ont-
ils pas tous presque autant d'esprit les uns que les autres ?
Qu'est-ce que Rosine, sinon, passez-moi le terme, Figaro en
jupon ? Ouvrez maintenant la partition de Rossini : observez
que Rosine n'est pas seule à savoir égrener agréablement
un chapelet de notes. Elle a pour rivaux, d'abord le Comte
et, par-dessus tout, Figaro. Remémorez-vous le pétillant
dialogue, je veux dire le *duo* du deuxième acte. On a re-
proché à Beaumarchais d'avoir trop d'esprit, de faire dévier
l'attention du spectateur, de l'intéresser moins au drame
qu'aux bons mots. Et de même, chez Rossini, les notes

d'ornement font souvent tort au dessin mélodique... Il
n'importe, ce sont là deux chefs-d'œuvre. *Otello* a pu être
remis en musique par Verdi. Le *Barbier* ne le sera plus par
personne. Et cela, non parce que la musique de Rossini
est étincelante et que la mélodie y coule à pleins bords,
mais parce que le musicien a su tirer du drame tout ce que
la musique y pouvait ajouter. Comparez, si vous en avez le
loisir, la tirade oratoire de Beaumarchais sur « la Calomnie »,
avec le beau développement musical de l'opéra. Le compositeur a surpassé l'écrivain en faisant vivre ses méta-
phores, en les faisant, pour ainsi dire, passer du figuré au
propre. Rossini, semble-t-il, n'avait donc qu'à vouloir pour
écrire *Guillaume Tell*. Depuis longtemps, il savait l'art
d'assortir la langue des sons à la langue des mots.

III

Je pourrais, Messieurs, lire attentivement en votre présence les deux premiers actes de *Guillaume Tell*, mesure à
mesure, et vous montrer quelle riche matière cette partition peut offrir à l'esthétique musicale. Mais, puisque la partition de *Robert le Diable* est peut-être plus riche encore (1),
qu'elle nous réserve des remarques ou des inductions analogues, et qu'il est assez inutile de se répéter, nous limite-
rons, ou peu s'en faut, notre étude de *Guillaume* aux pages
célèbres. Rossini n'a jamais traité de sujet aussi étendu.
J'allais dire qu'il n'a jamais écrit d'aussi longue haleine, et
je me suis retenu de vous le dire. Car, précisément, ce qui

---

(1) Plus riche en matière d'observations, ce qui ne veut pas nécessairement dire plus riche en beautés.

empêche *Guillaume Tell* d'être un chef-d'œuvre, c'est l'inégalité du style et l'intermittence de l'essor. Le quatrième
acte de *Guillaume Tell* ne se joue guère en entier. Une
fois nous l'avons entendu, comme par hasard, et nous en
avons retiré de l'ennui. Il s'y trouve un trio de femmes
dont chacune vient chanter à son tour, presque comme en
un concert. Si encore on entendait cet air pour la première
fois quand commence la première strophe ! Mais non. Chacun y peut reconnaître la barcarolle du pêcheur (1) que
Rossini a corrigée, en lui laissant son rythme, mais en
l'allégeant de ses grâces premières. Quand les trois femmes
se sont tues, la scène se dépeuple, car vous pensez bien que
les femmes et aussi les hommes s'étaient, selon l'usage, et
pour les entendre, rangés de chaque côté de la scène. Donc
tout le monde part. Aussitôt les eaux du lac, car on est sur
les bords « du lac », se soulèvent, le ciel se couvre, l'orage
gronde, une barque paraît, s'avance, puis recule, puis enfin
s'avance. Guillaume Tell saute sur la rive, vide son carquois,
bande son arc. La flèche part. Et « la Suisse est sauvée »,
comme il est dit dans la légende populaire. Et, si le musicien
a prouvé qu'au besoin il réussirait dans le genre mélo-
drame, il vaut mieux, dans l'intérêt de sa gloire, le laisser
ignorer au public et baisser la toile, ainsi qu'il est d'usage,
aussitôt après les derniers accents du : *Suivez-moi* (2).

Les beautés de *Guillaume Tell* se sont comme ramassées

(1) Voir dans l'*Introduction* du premier acte l'air : « Accours dans
ma nacelle, etc. »

(2) Je me trouve ici en désaccord avec un homme de bon goût et de
bon jugement, M. Bellaigue. Il admire ce quatrième acte, il en exalte
le chœur final que, par instants, il semble vouloir égaler au chœur
final du second acte. Accordons-lui que la dernière scène de *Guillaume Tell* est la meilleure du dernier acte. Mais, encore une fois, que
ce dernier acte est vide !

dans les deux premiers actes. Le troisième acte contient pourtant une belle page : un *andante* chanté par le baryton. Il se dégage de cet *andante* une impression profondément saisissante et tragique. Aussi bien les parties justement admirées de *Guillaume Tell* appartiennent-elles à des genres assez différents. L'auteur s'y est montré tragique, ainsi qu'au troisième acte, et pendant le trio du second ; épique, témoin le final du second acte ; pathétique, — le duo d'Arnold et de Mathilde et l'air de « Sombres forêts » en sont la preuve, — et enfin pittoresque : rappelons-nous l'*Ouverture* et l'*Introduction* du premier acte.

Insistons d'abord sur la page la plus tragique de l'œuvre à laquelle, d'ailleurs, pour mériter le nom de chef-d'œuvre, il ne manque, selon nous, que de n'être pas un vrai tour de force. Gessler a fait placer sur la tête de Jemmy, fils de Guillaume, la pomme légendaire. Au moment de tirer, Guillaume s'arrête et fait à son fils les dernières recommandations. Il y a là une scène qui ne se trouve pas dans le *Guillaume Tell* original, j'entends celui de Schiller, et que le librettiste a bien fait d'écrire, puisqu'il s'agit, pour un auteur de livret, non pas seulement d'imaginer des situations dramatiques, mais de créer des « situations musicales ». Musicale, la situation ne saurait l'être davantage, puisque les sentiments éprouvés par le personnage échappent en partie à l'expression verbale, puisqu'en outre ce qui, dans le sentiment, nous intéresse, est moins sa qualité, dirait un psychologue, que son intensité ou sa profondeur. Or, à ce point de vue, le musicien l'emporte sur le poète, et il l'emporte singulièrement. Le langage du poète ne se passe ni de figures ni d'images. Ces figures et ces images ont beau rendre plus courte la distance de l'idée au sentiment, — distance qui pourrait bien être infinie, — elles sont, au poète,

d'indispensables intermédiaires. Le musicien, lui, se passe
de ces intermédiaires. Aussi ceux qui ont défini la musique
« le langage naturel de la passion », n'ont-ils fait qu'exagérer
une vérité. Ils ont eu recours à une métaphore. Car tout langage implique un vocabulaire, et tout vocabulaire un
« verbe ». Et le son n'est pas le verbe. Néanmoins la métaphore a sa raison d'être. Car les sentiments que la musique
exprime ou est censée exprimer, elle nous les suggère avec
une intensité dont il s'en faut que la poésie approche. En
sorte que la magie de la musique consiste le plus souvent
à faire naître en nous l'illusion de la présence réelle de
l'âme. C'est bien à cela que visait Rossini dans la page que
je vais vous lire.

Elle fait, cette page, l'ornement du troisième acte. Non
seulement le musicien entend se conformer à la situation,
mais on dirait qu'il s'applique à rendre les mots du texte :

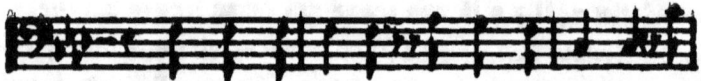

Sois im-mo-bi-le et vers la ter-re in-

cline un ge-nou sup-pli-ant in-vo-que

Dieu, in-vo-que Dieu c'est lui seul mon enfant

Madame de Staël, qui ne comprenait pas que l'auteur de
la *Création*, Haydn, eût fait arriver un *crescendo* de tout
l'orchestre sur les mots de la Bible : « *Et la lumière fut* » re-
procherait ici au compositeur italien un excès « d'esprit ».

En effet, il y a de l'esprit dans ce morceau. «*Sois immobile* », c'est un commandement. Pour donner de l'autorité à ce que l'on commande, on répète souvent l'ordre. Et Rossini va, par deux fois, redoubler la tonique. — « *Et vers la terre...* » Ici la phrase va descendre jusqu'à la dominante, comme si le mouvement du regard devait se régler sur le mouvement de la mélodie. — « *Incline un genou suppliant...* » La phrase remonte jusqu'à la dominante de l'octave pour effectuer une seconde descente et s'arrêter sur la tonique. — Puis la mélodie s'éclaire, comme si, dans la nuit, une lueur avait brillé. Je vous rappelle, en passant, la métaphore banale: « une lueur d'espoir », pour vous en faire considérer la justesse, et pour vous aider à comprendre le procédé du musicien. Ce procédé consiste à suggérer l'idée de l'espérance en produisant sur l'oreille, par le passage du ton mineur au ton majeur, une impression équivalente à celle que produirait, sur l'œil, une lueur traversant l'obscurité. Et, de même qu'une lueur ne saurait durer sans devenir lumière véritable, et qu'ici l'espérance ne fait que traverser l'âme de Guillaume, de même la phrase musicale, après s'être comme échappée dans le mode majeur, retournera dans le mode initial. Vers la fin de l'air, — et je l'appelle « un air » tout court, puisqu'il n'est ni une romance ni une cavatine, — je signale une dernière percée lumineuse aussi rapide que les précédentes, lorsque arrivent ces mots: « *Jemmy! Jemmy! pense à la mère!* »

Voilà comment on s'y prenait dans l'école de Gluck pour mettre des paroles en musique. Et, quand on était Gluck, on n'en écrivait peut-être qu'avec plus de génie. Chose étonnante, Rossini, que la nature a tout de suite placé aux antipodes de Gluck, pour la seule fois qu'il ait voulu marcher dans les pas du maître avec la docilité du disciple, y a

marché d'une allure de maître. Tout est voulu dans ce
morceau, puisque le texte y est presque littéralement traduit. Et pourtant, malgré les mérites de la traduction littérale,
l'aisance mélodique y est égale à celle d'une romance sans
paroles. Ne vous semble-t-il même pas que la beauté musicale de cette page veut être cherchée en dehors de ses qualités de traduction, qu'à trop s'attacher à ces qualités, on lui
ôterait de ce qui la rend belle ? Donnez-en la première
mesure à un musicien exercé, pour qu'il la continue sans
se préoccuper d'autre chose que d'unir entre elles une suite
de périodes musicales. Il n'inventera ni plus naturellement
ni plus simplement. Je n'oserais dire qu'ici la mélodie coule
de source. Elle ne « coule » pas, en effet. Elle s'avance et
se développe avec ampleur... Mais voici le plus admirable :
écoutez dans l'orchestre la plainte du violoncelle pendant
que Guillaume chante. Observez que cette plainte elle-
même est un chant :

Détachez-la de l'air chanté : vous avez un autre air, et

qui se suffit à lui seul, et dont l'accent d'infinie tristesse
ferait songer à un *Chant du Calvaire*, comme celui dont
parle, dans la *Dalila* d'Octave Feuillet, le vieux violoncel-
liste Sartorius, et dont il craint, en le faisant entendre,
même à sa fille, de profaner la religieuse beauté. C'est que
dans la page de Rossini, présente en ce moment à nos
mémoires, la tristesse du violoncelle est aussi recueillie
qu'elle est profonde. Il y a de l'imploration dans cette
lamentation. Et il s'en dégage une impression de pathétique
et de tragique tout ensemble, complexe, mais non confuse,
et où la complexité ajoute à l'intensité.

Réservant à un prochain entretien l'analyse des parties
de *Guillaume Tell*, où l'auteur s'est appliqué à traduire soit
les agitations de l'amour, soit les émotions qui naissent du
spectacle mouvant des beautés naturelles, je dois maintenant vous parler du *Trio*. « Beau, presque aussi beau que
le *trio de Guillaume Tell* », disait-on encore, il y a de
cela trente ans, alors qu'il suffisait, non pas même de l'entendre, mais de s'en ressouvenir, pour être aussitôt ravi aux
sommets de l'enthousiasme. Nous en sommes redescendus,
nous, de ces sommets, et il semble que ce *trio* soit décidément trop... italien pour nous plaire. Il est en effet divisé,
découpé à la mode italienne. Deux *allegro* y encadrent un
andante. Et l'allure du final y a je ne sais quoi de triom-
phant qui se fait applaudir, ainsi que l'on applaudit, d'ordinaire, toute péroraison bien retentissante. Le style en est
assez négligé d'ailleurs. Et si, dans l'*andante* qui précède,
la distribution des détails est faite avec plus de soin,
observez comme le début en est gauche. Sont-ils assez détes-
tables, ces deux vers :

> *Ses jours qu'ils ont osé proscrire*
> *Je ne les ai pas défendus.*

L. DAURIAC.   3

Et la musique a beau être en situation, Rossini a beau
y avoir dit ce qu'il y avait à dire, il l'a dit, j'en ai peur, fort
médiocrement. — Mais tous les yeux se mouillent, ou plutôt se mouillaient, et chacun frémissait, quand Dupré ou
Nourrit s'écriait : « *Mon père, tu m'as dû maudire !* » — On
ne frémirait pas autrement à la Porte-Saint-Martin un soir
de *Tour de Nesle*. Je ne nie donc pas l'émotion, j'en marque
la qualité, et c'est ce qu'il faut inévitablement, — tout pé-
dantisme mis à part, — que l'on cherche à faire, surtout
quand il s'agit d'un genre tel que l'opéra, où l'émotion peut
jaillir de sources diverses, où la situation, pourvu que le
musicien s'y conforme, suffit à provoquer l'émotion. Être
vrai parfois dispense d'être beau. Et, dans cet endroit de son
œuvre, Rossini paraît avoir sacrifié la beauté du style à la
vérité presque brutale de l'accent. Cette notation musicale
du sanglot sur les mots : « *Mon père !* » produit sur l'assistance un effet infaillible. Nous avons ressenti cet effet, et
nous sommes prêts à le ressentir chaque fois que nous
entendrons *Guillaume Tell*... Mais voici qui vaut mieux :
c'est la phrase murmurée par Walter et Guillaume : « *Le
remords le déchire, etc.* » :

A ceux qui me demanderont pourquoi Rossini l'a écrite
dans le ton majeur, je répliquerai que le *sotto voce* suffit à
en tamiser l'éclat. Puis je leur en ferai remarquer et l'ampleur et l'aisance. L'ampleur : la phrase glisse de la dominante à la tonique supérieure pour redescendre, et elle se
meut dans l'étendue d'une octave. L'aisance : la phrase est
bâtie sur les plus simples de tous les accords, l'accord

parfait et l'accord de septième. Le *crescendo* qui termine
l'*andante* ne manque pas non plus de magnificence. Aux
notes progressivement aiguës d'Arnold répondent les notes
progressivement graves de Guillaume et de Walter. Et la
phrase, avant de s'éteindre, jette son maximum d'éclat.

Néanmoins, à cet *andante*, décidément inégal, je préfère,
de beaucoup, l'entrée en matière du *trio*. J'y reconnais la
signature de Rossini, j'y retrouve une cadence finale qui
m'en rappelle une autre de *Moïse* (1).

Et cependant l'une, celle de *Moïse*, a plus de grâce,
l'autre, celle de *Guillaume*, plus de vraie noblesse. Il suffit,
pour s'en rendre compte, d'accentuer le tracé mélodique et
d'en faire saillir les angles. Au moment où j'écris, j'en ai
oublié les paroles. Je sais ce dont il est question, rien de
plus, et qu'il s'agit de rallier Arnold à la cause commune.
J'observe, vers la fin de la période, cette succession d'une
brève et d'une longue quatre fois répétée, et je me figure
quatre sommations. Ce n'est plus ici le texte que Rossini
cherche à traduire ; c'est la partie verbalement inexprimable
de la situation qu'il tâche et réussit à rendre transparente :

Mais encore une fois, Messieurs, rendez-vous compte de
l'inégalité de cette œuvre, et cessez d'admirer ces interjections musicales qui, pour être dans la nature, troublent
l'économie générale du morceau. J'admets qu'on écrive

(1) Voir dans la partition de *Moïse*, l'*andante* reproduit par le compositeur à la première page de l'opéra.

selon la méthode de Gluck. Mais que, pendant la courte
durée d'un même morceau, on se passe la fantaisie d'entrer
dans l'école, puis d'en sortir pour y rentrer de nouveau,
il me paraît y avoir là un excès d'éclectisme, dont il faudra
bien, qu'un jour ou l'autre, le vice esthétique se découvre.
Et ce jour est apparemment venu, puisqu'on ne va guère
plus admirer le *trio* de *Guillaume Tell*, si ce n'est en province, et pour y entendre débuter le baryton.

Si le *trio* de *Guillaume Tell* a vieilli, — et il a vieilli par ses
fautes, — il ne nous paraît pas que le *final* du deuxième acte
ait rien perdu de son ancienne grandeur *épique*. Je souligne
l'expression, et je l'explique. A ce moment, en effet, tout
conflit, toute lutte intérieure a cessé. Un même sentiment
remplit les âmes. Une même ardeur excite les volontés.
L'intérêt se concentre, dès lors, non sur ce qui se passe,
puisque à parler rigoureusement rien ne se passe, mais sur
les aspirations héroïques qui fermentent dans les cœurs. Et
le spectacle est assez beau, et il suffit d'une seule audition
de l'œuvre, pour qu'aussitôt évoquée par notre mémoire, la
scène se dresse immédiatement devant nos yeux. Comparez
ici l'art du poète, — non de MM. Jouy et Bis, mais de
Schiller, — avec l'art du musicien. Tous deux ont su atteindre au sublime. Chacun y arrive par ses moyens propres.
Et, s'il nous paraît, à la comparaison, que la nature de l'émotion excitée par le poète lui assure un réel avantage, l'intensité, la soudaineté de l'émotion déchaînée, si j'ose dire, par
le musicien, attestent, non point « sa » supériorité, puisque
cette supériorité, précisément, vient d'être mise en doute,
mais celle de « la » musique, en tant que « musique » (1).

(1) Schiller s'est montré plus grand poète encore que Rossini ne s'est
montré grand musicien. Mais les moyens que fournissait la musique
lui permettaient, avec un mérite sensiblement moindre, de produire
beaucoup plus d'effet.

Et cela dans toute situation du même genre. En effet, là où rien n'arrive, là où l'action est comme interrompue, là où il ne s'agit ni de raconter ni de discuter, ni d'analyser un sentiment ou même de le décrire, mais bien d'en faire pressentir l'intensité et comme toucher du doigt la profondeur, la situation est essentiellement, — un wagnérien se risquerait à dire « exclusivement » — musicale. Et il le dirait d'autant plus que, selon les règles de la poétique wagnérienne, la musique est essentielle à tout drame d'intérêt humain (1).

Sur ce final du deuxième acte de *Guillaume Tell*, d'excellentes choses ont été dites, entre autres par M. Bellaigue dans ses jolies études de *Psychologie musicale*. Il a finement analysé la scène. Il a fort heureusement mis en évidence les raisons musicales de l'effet produit par le célèbre passage :

Si par - mi nous il est des traî - tres

Re - fuse à leurs yeux la lu - mie - re

Sur le mot *traître*, la phrase, comme désorientée par l'effroi, franchit un intervalle d'octave et passe du *piano* au *fortissimo*. L'effroi cesse. Et la phrase s'apaise, et redescend, presque par degrés, de la dominante supérieure sur la dominante inférieure. On n'en finirait pas, Messieurs, si l'on se donnait la tâche d'étudier par le détail cette mémo-

---

(1) Dans cette scène de *Guillaume Tell*, en effet, l'intérêt humain général prime l'intérêt particulier « helvétique ». Nous y oublions les montagnards, et à plus forte raison les Suisses, pour ne songer qu'à des « hommes opprimés qui veulent secouer leur joug ».

rable scène et d'en relever diligemment les divers mérites.
Je laisse ce soin à d'autres, et je vais droit à une difficulté
que j'ai longtemps jugée insurmontable.

IV

Ce *final* du second acte de *Guillaume Tell* est certes un
chef-d'œuvre. Mais un chef-d'œuvre n'est pas un miracle. Or
c'est là ce qu'en dépit de nos justes résistances, il nous faudrait conclure, s'il nous était impossible de rattacher cette
page de *Guillaume* à l'une ou l'autre des pages antérieure-
ment écrites par Rossini. Le génie du maître s'est trans-
figuré dans Guillaume Tell : on l'a dit sur tous les tons. Et
l'on a bien fait, si l'on a voulu traduire une impression sub-
jective. Si l'on a cru, par ces termes, exprimer une vérité
objective, c'est à une erreur, au contraire, que l'on n'a
pu manquer d'aboutir. Car, en dépit des apparences, le
Rossini « d'avant » et le Rossini « de » *Guillaume Tell*
ne sont qu'un même Rossini. Et c'est dans l'âme musicale où est éclose la musique de *la Semiramide* que s'est
élaborée la musique de *Guillaume*. Il y a donc eu, qu'on
le veuille ou non, « passage » de l'une à l'autre.

Ce passage, je l'ai longtemps et vainement cherché. Puis,
m'avisant que Rossini, un an avant *Guillaume Tell*, avait
remanié son *Maometto Secundo* pour la scène française
sous ce titre : *le Siège de Corinthe*, et que, dans cet opéra,
les contemporains avaient admiré une « Bénédiction de Dra-
peaux », j'ai supposé que là, peut-être, je trouverais le
chaînon qui m'était nécessaire. Et, en effet, je l'ai trouvé.
Rien de particulièrement original dans cette scène du *Siège
de Corinthe*; rien qui dénote chez le maître une façon
nouvelle ou de concevoir ou d'écrire. A ne considérer que

le souci de se conformer aux exigences du drame, nous
sommes cependant en progrès sur *Sémiramis* : le style a
moins de négligence, plus de fermeté. Mais ce progrès n'a
rien qui excède ceux qu'un grand artiste, s'il continue de
produire, est accoutumé de faire. Or, Messieurs, si vous
compariez le texte du *Siège de Corinthe* à notre final de
Guillaume Tell, vous constateriez, ni plus ni moins, un progrès de même nature.

Entre les deux textes, la parenté est d'ailleurs indéniable.
Ici et là, nous partons de la tonique inférieure. Nous montons
et redescendons : même dessin. Je dirais presque : même
rythme. Il est, à première vue, aisé de s'en rendre compte, pour
si peu que l'on considère l'agencement des lignes mélodiques :

(Final de *Guillaume Tell*.)

Fer-mez vos bras

cœurs à de-di-gnes a-larmes. Oui tous nous le ju-rons

(Final du *Siège de Corinthe*.)

J'aurais pu, sans doute, Messieurs, échouer dans mes recherches. Le texte du *Siège de Corinthe*, dont à l'avance j'espérais beaucoup, aurait pu être tout autre. Les lois qui président à la composition d'une œuvre de l'art humain sont autrement flexibles que celles qui règlent le développement d'un organisme. Le nombre de manières dont une situation dramatique peut être traitée par un musicien, — j'entends traitée selon les convenances, — a beau n'être pas infini, il reste manifestement inassignable...

Et pourtant la comparaison de nos deux textes, celui du *Siège de Corinthe* et celui de *Guillaume Tell*, ne nous incline-t-elle pas, presque malgré nous, à penser que cette prétendue flexibilité des lois esthétiques, elle aussi, a de justes bornes? et qu'un génie musical dont l'inspiration s'abandonnerait au hasard ne tarderait pas à expier ses caprices? L'inspiration vient comme elle veut. Cela se dit. Et cela est vrai. Cela est vrai, si l'on entend qu'il est plus facile à un chef d'armée de commander cent mille hommes qu'à un musicien de gouverner son imagination. Et, pourtant, quand il s'agit d'écrire un opéra, non un morceau de concert, on a beau ne s'être pas longuement, patiemment, laborieusement pénétré des exigences du drame, du moins a-t-on dû en lire le texte. Donc on a déjà, involontairement mais nécessairement, tracé le sillon dans lequel l'inspiration musicale est, plus ou moins librement, destinée à se mouvoir. Et, si le musicien n'a pas déjà fixé ses types de traduction musicale, il en a déjà éliminé un grand nombre, ou parce que la réalisation lui en semblait trop périlleuse, ou, simplement, parce que, pour les exclure, il lui suffisait d'envisager la situation dramatique.

Alors n'est-il pas vraisemblable d'admettre que, pour renouveler presque entièrement les sources de l'inspiration musicale, autrement dit pour renouveler un génie de musicien, il n'y aurait presque qu'à lui proposer des sujets nouveaux? Non, cela n'est pas vraisemblable. En tout cas, cela n'est pas vrai. J'en donnerais mainte preuve. Je ne sais pas de sujet plus différent que, d'une part, *les Maîtres Chanteurs de Nuremberg* et, de l'autre, *Tristan et Yseult*. J'accorde que Wagner s'y est montré aussi différent de lui-même que l'exigeait la différence à peu près radicale des poèmes. Et, pourtant, que d'affinités entre les deux œuvres, et comme on se passerait de la signature pour les attribuer au même écrivain! C'est donc que chaque musicien est gouverné par une loi d'inspiration à lui propre,

3.

et qu'à vouloir s'en affranchir totalement, un génie musical risquerait presque aussitôt de s'épuiser ou de s'éteindre.

Telle est la raison qui m'a fait entreprendre les recherches dont je vous entretenais à l'instant même, et qui légitimait mes espérances d'aboutir. Et c'est pourquoi la prétendue transfiguration du génie de l'auteur de *Guillaume Tell* n'est qu'un effet de l'enthousiasme, et d'un enthousiasme ridiculement aveugle. Je ne dis point cela pour diminuer le juste renom de ce grand et beau final de *Guillaume Tell*. Je continue de l'admirer presque sans réserve. Je persiste à l'appeler un chef-d'œuvre. Je me refuse à l'appeler un miracle : de miracles, en effet, le génie n'en saurait accomplir, et cela de par les exigences d'une loi d'évolution dont, si le déterminisme n'est pas rigoureusement inflexible jusqu'en ses moindres démarches, il ne cesse, quand même, de présider aux créations les plus libres de l'art...

Je ne sais, Messieurs, quel est l'auteur, mais je me rappelle fort bien avoir lu chez cet auteur qu'en un certain et fabuleux pays, les maisons se construisaient en commençant par le faîte. Je vois d'ici l'image illustrant le texte et, au besoin, le confirmant. Vous savez, n'est-ce pas, la double fonction de l'image : elle illustre, éclaircit, d'une part ; elle atteste et confirme, de l'autre. Elle est comme un certificat d'authenticité. Ce que l'imagination peut se représenter n'est peut-être point réel, du moins est vraisemblable. L'imagination n'a-t-elle pas pour matière soi-disant inépuisable le « possible », dont le champ a beau s'étendre bien au delà des limites de la perception distincte, il s'en faut qu'il s'étende jusqu'à l'infini ? Donc je revois dans mes souvenirs la toiture de la maison achevée, attendant son dernier et plus haut étage et maintenue en équi-

libre dans l'air par une troupe d'oiseaux, les ailes étendues, soutenant de leur bec le toit docile. Et je revois
l'image avec une intensité de relief d'autant plus marquée
que je me figure l'impression produite sur vos esprits par
l'ordonnance de nos leçons. Ne vous font-elles point songer
à une maison qui se bâtirait de haut en bas? Je commence
par les applications, et je descends aux règles, je vais de
ce qui est supporté à ce qui supporte. J'arrive aux principes
au lieu d'en partir! Si encore la maison était toute bâtie,
la liberté nous serait laissée de la parcourir en tous sens.
Mais c'est à la bâtir que nous nous employons. Et, si nous
y voyons s'élargir et au besoin se superposer ou se sous-
poser les étages, les pierres de soubassement ne se mon-
trent pas encore.

C'est là de l'invraisemblance en matière d'architecture.
Mais les palais d'idées, comme disait Malebranche, ou, pour
me servir d'une expression plus modeste, les bâtiments
d'idées, se construisent autrement que les autres. Pour
qu'ils résistent aux assauts de la critique, ils doivent ne
s'enfoncer dans le sol qu'après l'épreuve des pierres de
soutien. Les premières pierres y doivent être les dernières
venues ou les dernières choisies. Bref, les principes doivent
trouver leur formule, mais alors seulement que les faits ont
été suffisamment garantis. Aussi bien les faits sont en relation avec les principes, de même qu'un effet est en relation avec sa cause. Et c'est généralement l'effet dont la
découverte précède.

— Quand on a trouvé la cause, puisque cette cause devance l'effet, n'est-il pas logique de la faire connaître tout
d'abord? — Sans doute. Mais, quand cette cause n'est pas
trouvée, quand on est occupé à sa recherche, l'ordre psychologique de découverte doit se substituer à l'ordre logique

ou didactique d'exposition. Or n'est-il pas de la dernière évidence, Messieurs, que nos présentes études sont encore, à l'heure actuelle, d'un ordre non défini, non classé? qu'elles ont à produire leurs titres de légitimation? que les faits doivent venir avant les formules générales destinées à leur légalisation? Et c'est pourquoi nous partons des applications au lieu de partir des principes. Et c'est pourquoi nous bâtissons notre maison d'idées en allant du faîte à la base, et par tranches verticales successives. Et c'est pourquoi enfin, nos maximes d'esthétique et nos vérités de psychologie ne trouveront point toujours place dans nos exordes. Mais, puisqu'elles serviront à consacrer des faits, à les généraliser, je n'oserais dire à les « éterniser », n'est-ce point dans nos péroraisons que sera leur place naturelle?

Telle est la raison, Messieurs, pour laquelle, malgré l'heure qui invitait au silence, j'ai gardé la parole, pour généraliser les remarques auxquelles avait prêté notre sujet d'entretien. Je tâcherai qu'il en soit ainsi le plus souvent possible, et je m'efforcerai de prendre l'habitude, non de vous retenir au delà du temps d'usage, mais de ne me séparer de vous qu'après avoir tiré de nos leçons de choses la matière d'une leçon de principes, qu'après vous avoir élevés, comme dit à peu près Platon, de l'objet à son *idée*, ou, comme dirait un disciple de Kant, du « sensible » à « l'intelligible ».

TROISIÈME LEÇON

LE PATHÉTIQUE DANS *Guillaume Tell*

I. Affinités du style musical pittoresque et du style musical pathétique : l'entrée en scène de Mathilde au second acte de *Guillaume Tell*. — II. Analyse de l'air : « *Sombres forêts...* ». — III.
Le duo de Mathilde et d'Arnold.

MESSIEURS,

A la maison enchantée dont je vous entretenais en finissant mardi dernier, et à laquelle je comparais la distribution de nos entretiens hebdomadaires, pourrait aussi fort
bien être comparé le travail auquel un musicien se livre
quand il compose un opéra. Alors que le librettiste, sous
peine ou d'invraisemblance ou d'incohérence, est tenu de
concevoir son sujet comme un tout, et d'envisager chacune
des parties dans son rapport avec le tout, le musicien, d'ordinaire, n'en exige pas autant de lui-même. Il conçoit, généralement, son travail futur sur le type de la mosaïque.
Chaque morceau garde son unité de composition. Mais
un opéra, considéré du point de vue musical, peut-il être
autre chose qu'une juxtaposition de morceaux ? Je ne juge
point ici. Je constate. Je ne m'occupe point de l'opéra tel qu'il
devrait être, tel qu'il apparaîtra quand Richard Wagner sera
devenu maître de son inspiration et de sa méthode. Nous
ne sommes pas encore en 1876, au seuil de la *Tétralogie*.

Nous sommes en 1829 en face de *Guillaume Tell*. Or il semble bien que, non seulement *Guillaume Tell*, mais encore les opéras de Meyerbeer, ceux d'Hérold, presque tous les opéras enfin, aient été écrits sans aucun respect de l'ordre suivi par le librettiste. Wagner lui-même, qui composait ses poèmes, a écrit, nous en sommes informés par d'indiscutables témoignages, son troisième acte de *Lohengrin* avant les deux autres. Le musicien s'attache donc, selon les jours et selon ses dispositions d'esprit, à telle ou telle partie du livret. Et cependant il ne se soucie pas seulement d'écrire dans une langue uniforme (1), mais encore, se souvenant que la variété est le secret de plaire, et qu'il faut plaire quand on écrit pour le théâtre, —écrire pour le théâtre, n'est-ce pas écrire pour le peuple? — on dirait, par moment, qu'il se fait une loi de multiplier les styles. Le quatrième et le second acte de *Robert* sont écrits dans une langue qui n'est point exactement celle du troisième acte, encore moins celle du premier. Le cinquième et dernier acte est écrit dans une langue assez indéfinie, quant à son vocabulaire et à sa syntaxe... Et, puisque c'est de *Guillaume Tell* que nous allons continuer l'étude, c'est l'instant de nous rappeler combien cette œuvre est inégale. Le quatrième acte, je le répète, la *prière* exceptée, est à peu près détestable. Et le ballet du troisième acte, presque à l'égal de celui du premier, est assez médiocre malgré ou plutôt à cause de ses tyroliennes. Je n'en excepte pas le trop célèbre chœur sans accompagnement : « *Toi que l'oiseau ne suivrait pas...* » Je le recommande aux directeurs d'orphéons municipaux, et je passe...

Et j'en conclus au droit que je me suis arrogé de choisir, pour étudier le dernier opéra de Rossini, l'ordre le plus com-

---

(1) Un style peut avoir de l'uniformité c'est-à-dire de « l'unité de forme », sans être, pour cela, monotone.

mode, sinon le plus logique ou chronologique. D'ordre logique, il n'en est pas, et pour les raisons qui viennent d'être
dites. D'ordre chronologique, il en est bien un. Mais le plus
souvent on l'ignore, et l'on ne saurait même toujours le déterminer par induction. On ignore les parties de son
œuvre que le musicien s'est choisies pour les écrire les
premières de toutes. Dès lors, le critique peut se choisir
sa méthode et régler son choix sur l'œuvre qui lui est soumise. Car, Messieurs, ici non plus qu'ailleurs, il ne serait
prudent d'adopter une méthode une fois pour toutes, et de
l'appliquer partout uniformément. Telle œuvre se recommande par ses qualités de style, par les vertus esthétiques
de ses formes musicales; telle autre, par ses mérites d'appropriation au drame. Là où le double mérite se rencontre,
deux cas peuvent se présenter : ou bien les qualités dramatiques et les qualités musicales se trouvent juxtaposées,
dès lors réciproquement indépendantes, et alors il convient
d'en « diviser » l'étude ; ou bien les deux qualités se déter-
minent réciproquement, et alors toute division qu'essaierait l'analyste serait fatale à la preuve de leur solidarité.
Au contraire, je le répète, si les mérites musicaux sont in-
dépendants, quoique réunis, la division est permise. Et
c'est pourquoi l'examen d'une œuvre telle que *les Huguenots* me paraît exiger un autre plan que celui de *Robert
le Diable*. Enfin, il est une méthode qu'on peut, qu'on doit,
j'imagine, s'imposer pour l'étude des œuvres wagnériennes
et qu'on peut, qu'on doit même suivre, quand il s'agit de
certaines œuvres chronologiquement antérieures. Elle consiste à suivre l'évolution à la fois psychologique et musicale
d'un rôle ou d'un personnage. Cette méthode ne serait pas
ici à sa place, puisque, de personnage musical, dans *Guillaume Tell*, il ne s'en trouve point : nous nous en assure-

rons aujourd'hui même. Enfin, la méthode de division,
d'examen séparé des qualités esthétiques et dramatiques
du style ne conviendrait pas non plus, puisque les parties
dramatiques ou pittoresques de l'opéra sont belles d'une
double beauté. La beauté de la forme y égale celle de
l'expression, tellement qu'on ne saurait dire laquelle des
deux y est le reflet de l'autre.

I

Nous avons à nous entretenir aujourd'hui du « pathétique » dans *Guillaume Tell*, pour en venir, par après, au
« pittoresque ». Mais ces deux expressions : « pathétique »
et « pittoresque », conviennent-elles à deux genres irré-
ductibles ? Un critique soucieux de distinguer, semble-
t-il du moins à première vue, n'en jugerait pas autrement.
Il paraît bien, en effet, que ce soient là deux genres incom-
municables et que la logique interdise à jamais de les
confondre...

Mais la réalité se moque de la logique. Et les rhéteurs de
profession, s'il en est encore, savent fort bien, par exemple,
qu'un style a d'autant plus de « pathétique » qu'il ne se contente pas de dire, mais de rendre et de peindre ; qu'au
lieu de faire savoir, il fait en outre voir et comme toucher.
C'est qu'aussi bien la passion ne se peut décrire en termes
directs. Les figures, ou plutôt les images et les comparaisons, s'imposent. Et à ces comparaisons il ne suffit pas
d'être justes. Il leur faut en outre la richesse, c'est-à-dire
la nouveauté. La vieillesse d'une comparaison lui ôte en
effet ses vertus « comparantes ». L'attention ne se fixe
plus que sur un des deux termes, celui *que* l'on compare.

Le mot qui exprime l'image n'imprime plus aucun mouvement à l'imagination, n'éveille aucune « tendance ». Et la
comparaison n'a point lieu. Donc il est des circonstances
où les qualités pittoresques d'un style ou d'une langue, non
seulement peuvent s'unir à ses qualités pathétiques, mais
encore en doublent la valeur. Cela est vrai du « style verbal », passez-moi le pléonasme. Cela est-il vrai du « style
musical » ?

Or à un style musical n'arrive-t-il pas qu'on puisse,
avec une égalité apparente de motifs, appliquer l'épithète
« pathétique », ou l'adjectif « pittoresque » ? Et cette indifférence chez l'auditeur ou le lecteur, est-elle toujours symp-
tôme d'insuffisance ou d'insignifiance chez l'écrivain ? Quand
l'écrivain, — c'est le musicien que je veux dire, — vous
fait entendre une œuvre de musique pure, une symphonie,
vous pouvez vous méprendre sur ses intentions, lui en
prêter d'autres que les siennes, lui en prêter quand il n'en
a pas eues. Même il se pourrait que la fréquentation assi-
due de l'Opéra nuisît à notre sagacité critique et nous dis-
posât à juger d'une symphonie, comme si l'auteur s'y était
proposé d'éveiller en nous des images précises. Cela peut
être. Il n'est nullement infaillible que cela soit. — Quand
l'œuvre est un opéra, l'imagination de l'auditeur, me répliquerez-vous, n'a pas à se mettre en frais. Le livret, le décor,
et jusqu'aux jeux de scène l'instruisent de ce que le compositeur a voulu suggérer ou traduire. Il n'y a donc pas à
hésiter sur ses intentions.—Du moins, on peut hésiter sur la
manière dont l'exécution y a ou n'y a pas répondu. Or, à ne
juger les choses qu'en gros, et c'est toujours par là qu'il est
bon de commencer; n'est-il pas certain, par exemple, qu'une
musique écrite pour une scène d'amour ne saurait être du
même genre que la musique rustique ou champêtre ? Et

quand il serait vrai qu'un sujet tel qu'une « noce à la campagne » fût de nature à inspirer des mélodies du type « pastoral » ; quand il serait vrai encore que deux paysans amoureux ne se disent pas leur mutuel amour sur le ton des gens de la ville, la différence serait dans les mots de la langue et non pas dans le fond des âmes. Et, comme c'est à ce fond que le musicien s'attache, il négligera l'homme des champs ou le citadin, pour ne s'attacher qu'à l'homme en tant qu'homme. Telle est vraisemblablement la raison qui imposait à Wagner le choix de sujets « purement humains ». Donc une musique qui suggérera de l'amour et une musique qui suggéra des images de bonheur et de tranquillité champêtres, différeront nécessairement l'une de l'autre. La *Sonate pathétique*, l'*Appassionnata*, le *duo* du second acte de *Fidelio* appartiendront, dès lors, à un genre, tandis que la *Sonate* et la *Symphonie pastorales* et la *Septième symphonie en la majeur* du même Beethoven appartiendront à un autre genre, exigeront un autre style.

Et cependant j'oserai vous affirmer que le mélange des deux styles s'est rencontré, et que, si nous avions, par exemple, le loisir d'étudier le troisième drame de la *Tétralogie*, *Siegfried*, nous hésiterions plus d'une fois sur les bruits que Wagner a voulu reproduire : sont-ce les bruits de la nature ? Ne s'agit-il pas plutôt des bruits de l'âme ? J'insisterais sur le genre d'hésitation qui fait le charme très particulier de ce drame musical. — Il me paraît également que dans le second acte de *Guillaume Tell*, Rossini, sans le vouloir expressément peut-être, mais non sans y réussir, a mélangé les deux styles. Et vous savez qu'il ne faut pas confondre l'agrément né du mélange avec le malaise produit par la confusion. Ce sont là deux extrêmes dont, si le premier dure trop, il est infaillible que le second ne survienne. Assez heureusement inconscient pour ignorer l'écueil, Rossini l'a évité, ce qui nous a valu la page, après l'*Ouverture*, la plus finement écrite de tout l'opéra.

Reportons-nous au second acte. Le cor de chasse résonne : ce sont vraisemblablement les piqueurs de Gessler. Ils paraissent, stationnent sur le devant de la scène, chantent et disparaissent. La chasse s'éloigne. La scène reste vide. Et, comme pour mieux souligner cette solitude, un chœur religieux se fait entendre. Je qualifie l'impression faite par la musique sans m'inquiéter des paroles. En tout cas, si c'est un nocturne que l'on chante, ce nocturne tient du « cantique ». La nuit s'étend au dehors. Dans la forêt, l'obscurité est complète, mais une obscurité apaisante et versant dans les âmes inquiètes l'oubli réparateur. Le premier acte de *Guillaume Tell* s'est terminé par un meurtre. Le second acte commence par un chant d'actions de grâce.

Le chant n'a pas plutôt cessé, que tout l'orchestre s'agite à peu près comme dans l'*Ouverture*, aux approches de l'orage. Est-ce à un drame de la nature que nous allons assister ou à un drame du cœur ? L'incertitude ne saurait durer, puisque Mathilde vient d'entrer en scène. Et il suffit qu'il y ait eu incertitude, pour mettre en évidence ce que j'avais dessein de vous faire voir. Il est tellement vrai que la musique, elle aussi, admet le mélange des styles pittoresque et pathétique, que, si vous supprimiez, à la première page de l'*Ouverture*, le roulement de timbale, et à la seconde page (1) le trémolo des violons, qui simule et même imite le bruit du vent dans les arbres, vous pourriez donner de l'ouverture, et avec vraisemblance, une interprétation psychologique, non plastique. Vous diriez : « Rossini veut nous faire deviner les sen-

(1) Nous citons d'après la partition réduite pour chant et piano.

timents d'inquiétude qui, d'abord indistincts, grandissent
dans l'âme du peuple opprimé, s'y approfondissent, et, finale-
ment, s'enracinent. » — Au moment où nous sommes du
second acte, non seulement la présence de Mathilde, mais
aussi l'orchestre, nous avertissent que l'agitation a pour
siège une âme humaine :

· En effet, les instruments à vent, les « bois » alternent avec
les « cordes ». Or il vous est sans doute arrivé, Messieurs,
comme à moi, comme d'ailleurs à presque tous ceux qui
se sont avisés d'y réfléchir, il vous est arrivé, non point
peut-être, de préférer le timbre du hautbois ou de la clarinette à celui du violon, mais de lui trouver je ne sais quoi
de plus vivant et de plus individuel. Et le langage courant
ne consacre-t-il point la remarque, puisque chacun dit : *les*
violons aussi naturellement que *la* clarinette, *le* basson ou
le hautbois ? Je ne voudrais pas trop insister ni surtout
exagérer la part de la préméditation dans le recours à ce
détail de mise en œuvre. Il me suffira de constater et de
noter l'effet produit.

Observons en outre que, même après que le récitatif de
Mathilde a commencé, les images psychologiques et plastiques continuent, pour ainsi dire, de s'entre-croiser dans
notre esprit. Il y a là, précisément, un très curieux exemple
non seulement du mélange des styles, mais, j'irais jusqu'à
l'affirmer, — puisque, si la musique m'y incline, le livret m'en
persuade, — de leur alternance. Ici c'est l'élément pathétique
qui progressivement se dégage de l'élément pittoresque,
mais non jusqu'à l'éliminer, sinon vers la fin du bel et pur
andante, désigné, comme c'est assez l'habitude, par les deux
premiers mots du texte : « *Sombres forêts...* »

Écoutez maintenant les quatre mesures d'orchestre qui
précèdent la mélodie, et qui fort heureusement y rempla-
cent l'insipide « ritournelle » :

(Timbale)

La progression y est descendante, et, quand l'écho du dernier *la bémol* s'est éteint, la timbale roule, comme si le tonnerre grondait. Mais ce n'est pas au dehors qu'est l'orage.
Ces quatre mesures ont déjà eu l'honneur, et certes elles en
sont dignes d'être commentées. Je sais un musicien amateur, d'esprit très cultivé et fort intelligent, qui ne les entend jamais sans se figurer un aigle traversant l'espace
et descendant du plus haut des airs jusqu'à presque raser
la surface du sol. Notre amateur est, pour nous servir du
terme à la mode, de « l'espèce visuelle ». Il est de ceux
qui voient en écoutant. Et ce que la musique de Rossini, en
cet endroit de *Guillaume Tell*, lui fait voir, n'est pas dénué
de toute *correspondance* avec la phrase musicale. L'oreille

y descend les degrés de l'échelle des sons : voilà pour la direction du mouvement de l'aigle. Mais pourquoi l'aigle ? A cause de l'immensité de son vol, à laquelle pourrait occasionnellement faire songer la première mesure, et ce que je me permettrais d'appeler l'ampleur du geste sonore. La mélodie, en effet, plane avant de descendre. Évidemment Rossini, quand il écrivait, ne songeait à rien de tel. Et, je suppose que de savoir qu'il y a fait songer par occasion un dilettante fantaisiste, l'eût très probablement fait sourire. N'est-ce point assez que la phrase ait de la magnificence dans sa mélancolie ? Et l'admirer pour d'autres motifs, n'est-ce point lui faire tort de tout ce qu'une admiration trop littéraire ôte, malgré qu'elle en ait, à l'admiration musicale ? — Je ne crois pas que l'éveil de l'imagination visuelle, sous l'influence des images sonores, nuise à l'émotion esthétique ; d'abord il ne nuit pas à son intensité. Ensuite, pour nuire à sa qualité, il faudrait nous convaincre, au préalable, que le jeu de l'imagination visuelle est indépendant de la beauté de la forme sonore. Une musique peut être suggestive sans être belle. Mais, là où la beauté manque, le pouvoir de suggestion reste médiocre. Ce qui nous importait d'ailleurs, c'était de montrer la riche signification de ces quatre mesures et le jeu qu'elles donnent à nos « facultés représentatives ».

Inutile, n'est-ce pas, de rappeler le mot d'Amiel : « un paysage est un état de l'âme », mot décidément banalisé par l'abus des citations et des commentaires. Il est très vrai, néanmoins, que le paysage force notre sympathie et l'oriente par lui-même, puisque, en dépit des caprices de la fantaisie humaine, il est des paysages immuablement et objectivement gais, de même qu'il en est d'autres objectivement et immuablement tristes. Et c'est la raison qui rend

le ciel inexorablement bleu du Midi, assez intolérable aux
natures mélancoliques. C'est aussi la raison qui fait qu'à
certains moments de la vie, le changement de ciel est presque aussi indispensable que le changement d'air. Donc la
nature commande à notre imagination, bien loin de lui
obéir. Et l'on dirait précisément, non pas en lisant, mais
en écoutant ces quatre mesures de prélude, — dont il semble
qu'elles soient chargées d'émotion, de regret, de renonce-
ment à la paix intérieure, — on dirait que les états d'âme de
Mathilde se sont mis d'accord avec les états d'âme « que
sont » les paysages de Suisse. C'est, oserait-on dire encore,
la mélancolie de la Suisse que Mathilde aime dans Arnold.
Et c'est à nous en instruire, que servira l'air de « *Sombres
forêts, etc.* » En essayant de dire comment il ne faut pas
chanter cette « romance », peut-être réussirons-nous à en
marquer le caractère.

II

Si c'est l'habitude, maintenant, de ne plus aimer les airs qui
recommencent, on pourrait peut-être supprimer la reprise
de l'air en question, comme a fait Wagner pour le « récit
du Graal » dans *Lohengrin*. On ne le chante qu'une fois.
En diminuant de moitié l'étendue du texte de Rossini,
on ne lui ôterait rien de son charme sévère. Et l'on ôterait
aux cantatrices l'occasion de faire subir à une belle page
la plus absurde des mutilations. En art, au rebours de ce
qui a lieu dans la nature; on ne mutile pas seulement par
défaut, en supprimant; on mutile encore en ajoutant, et par
excès. Nos chanteuses ont donc condamné l'air de Rossini
à un excès d'ornementation ridicule, en augmentant l'écart

des notes, en remplaçant, par exemple, un *sol* inférieur par
un *mi* supérieur, en montant là où il faut descendre, et en
se permettant à l'intérieur du texte quelques sauts à la
tyrolienne... sans doute par respect pour la couleur locale :
le Tyrol est si près de la Suisse !

S'il m'était arrivé de déconseiller systématiquement les
points d'orgue et les enjolivements de texte, je m'abstien-
drais ici de condamner. Mais je ne m'oppose pas au rem-
placement d'un trait par un autre trait, d'une descente « en
spirale » (1) par une descente chromatique ou diatonique.
Dans un texte où tout est respectable, et où l'on ne sera
jamais en faute chaque fois qu'on n'y changera rien, il peut
cependant se trouver des parties essentielles et des
parties accessoires. Dans un final comme celui de l'air de
Rosine, au second acte du *Barbier*, la cantatrice peut risquer les roulades qui lui plaisent, pourvu qu'elle respecte
le *thème* ou, si vous préférez, le *radical* de l'air. Ou bien
encore, si j'emprunte mes comparaisons a l'architecture et
non pas à la grammaire, je consens que l'on change les
arabesques pourvu qu'on ne change rien à la corniche. Mais
l'air de « *Sombres forêts* » n'est point du tout conçu, encore
moins est-il écrit dans le goût et le genre de la cavatine
italienne. Point d'*allegro*, mais un unique *andante* et où
chaque note a sa valeur, et où l'on ne peut remplacer une
épithète par une autre épithète, puisque dans la phrase il
ne se trouve, pour ainsi parler, que des substantifs, c'est-
à-dire des notes essentielles. Dans le *Barbier*, dirait Stendhal, Rosine chante un morceau de concert. Et presque
autant que de nous dévoiler que « Lindor a su lui plaire »,
elle est apparemment soucieuse de nous montrer sa belle

(1) En triolets, par exemple.

voix. Qu'elle roucoule donc tout à son aise ! Et, comme il s'agit ici de virtuosité avant tout, j'excuse l'artiste qui remplace un trait qu'elle fait mal, par un autre trait qu'elle fait bien, par un trait qu'elle eût prié elle-même Rossini d'indiquer sur la partition, au cas où Rossini lui aurait destiné le rôle. Je ne pense guère me tromper en disant que la cavatine du *Barbier* suspend l'action, et que nous pouvons écouter sans regarder.

Tout autre est l'air de Mathilde. Il suspend l'action, mais à la manière dont, chez Racine, les développements psychologiques la suspendent. Ils la transportent à l'intérieur des personnages, ce qui est assez différent. Notre poète, à peine est-il besoin qu'on le répète, est aussi grand peintre de caractères que de passions. Par delà le sentiment qu'il excelle à peindre, il lui arrive de pénétrer jusqu'au fond permanent de l'âme d'un héros. Il est bien vrai que l'amour transfigure ses héroïnes. Mais il ne les transfigure pas au point qu'il nous soit impossible de nous les représenter dans la vie de chaque jour. Les monotonies ou les platitudes de l'existence courante leur laisseraient encore une partie de leur noblesse. Et c'est par où la psychologie d'un poète surpassera infiniment celle d'un musicien, surtout quand ce poète est Racine et que ce musicien n'est que Rossini. En effet, dans *Guillaume Tell*, je cherche l'ébauche d'un personnage musical, non pas tel que Lohengrin ou Tannhaüser, tel qu'Elisabeth ou Elsa, mais tel que l'Eléazar de la *Juive* par exemple, ou le Bertram de *Robert*. Même Alice (dans *Robert*) est plus vivante que Mathilde, nous nous assurerons prochainement. C'est qu'en effet, de Mathilde nous ne savons que deux choses : sa naissance, révélée par son costume, son amour, dont Arnold va lui arracher l'aveu. Aussi bien, dans *Guillaume Tell*, on dirait que l'amour, ne

L. DAURIAC 4

faisant que traverser le drame, arrête l'action ou la retarde inutilement... à moins qu'il ne la complique. Mais il fallait un rôle de soprano. Il fallait amener entre le soprano et le ténor une rencontre amoureuse. Dans le poème dramatique de Schiller, Arnold de Melchtal aime Berthe, une riche héritière de race allemande. Dans le livret de M. Jouy, Arnold l'Helvète, « l'opprimé », aime une princesse parente de « l'oppresseur ». Et elle l'aime en dépit de sa condition de sujet, comme Valentine aimera Raoul en dépit de la différence des cultes, comme aussi dans... *Si j'étais Roi !* la princesse indienne Néméa s'attendrira sur le « pauvre pêcheur Zéphoris ». Néméa, Valentine et Mathilde sont, en effet, trois imprudentes qui, contrairement aux lois de l'étiquette, vont se baigner, ou dans la vaste mer, ou dans le lac profond, ou plus simplement dans la rivière, sans se faire convenablement accompagner. D'où la nécessité de périr, à moins que le premier venu ne les sauve et, à la fin de la pièce, ne les épouse, soit pour vivre comme Arnold et Mathilde, soit pour mourir héroïquement et tragiquement ensemble, comme, au dernier acte des *Huguenots*, Valentine et Raoul. Cette puérile fable nous a valu dans *Guillaume Tell* une *romance* et un *duo*.

La romance est presque un chef-d'œuvre. Les lignes courbes — les triolets — en sont la forme constante, et, comme le mouvement en est lent, ces triolets ont de la grâce :

Som - bre fo - rêt dé - sert triste et sau - va - ge

je vous pré - fère aux splen - deurs des pa - lais.

La direction du mouvement mélodique est alternativement ascendante et descendante. L'extrémité du mouvement ascensionnel a lieu sur la dominante augmentée ; le chant glisse du majeur dans le mineur, et se relève aussitôt. La tristesse flotte aux environs de l'âme, mais la mélancolie seule s'y établira. Et il y a de la langueur dans cette mélancolie. Il s'y trouve aussi de la discrétion : la phrase monte à peine l'étendue d'une demi-octave et redescend vers la tonique. Je loue volontiers les quatre premières mesures, dont l'élégance me charme. Je regrette les quatre autres qui lui sont symétriques : « *Je vous préfère, etc.* » Je crois que Rossini les a négligées par paresse, et je ne m'attarderai pas à excuser les répétitions du *si bémol*, autrement dit de la sous-médiante. Elles produisent sur l'oreille un effet analogue à celui que produirait une pièce de vers en rimes masculines, et nous donnent une impression de sécheresse. On évite cette impression, on peut l'éviter, par un *diminuendo* sur le *mi bémol* supérieur. La chute est adoucie, et l'oreille en est plus agréablement caressée. Je constate ici une imperfection de style, encore que le moyen de la corriger m'en échappe. Le dessin de la phrase principale imposait presque cette phrase incidente. Ajouterai-je que, si l'on oublie ce que souhaite l'oreille pour s'attacher à ce que la situation commande, on trouvera peut-être qu'une expression de regret s'en dégage ? De dégager une expression de ce genre, c'est assez le propre des notes ordinaires de passage, sur lesquelles, au lieu de glisser, la voix ou l'instrument stationne. Il semble qu'on veuille faire halte, alors que la nécessité devrait nous contraindre à marcher toujours. On dirait d'une aspiration à l'impossible ; tantôt cette aspiration s'exalte jusqu'à la révolte, tantôt elle reste à l'état de simple aspiration... Et c'est ici le cas.

Le charme de cette *romance*, — et, si j'emploie le mot
« charme », Messieurs, je vous invite à y prendre garde, la
musique de Rossini en étant généralement exempte, —
tient, selon nous, à l'extrême sobriété du dessin, à la grâce
un peu nonchalante avec laquelle, après s'être infléchie, la
phrase se redresse. Même les mesures de la fin, les tout à
fait dernières mesures de remplissage, ne font pas tort aux
parties essentielles de la mélodie. Elles ne lui ôtent pas ce
cachet de... confidence, que vous lui attribuons, sans doute
parce que la phrase se meut doucement, lentement, discrè-
tement, et que, si, par endroits, elle s'élève, jamais elle ne
s'élance.

Je sais combien sont difficiles et obscures les questions
de genèse. Je ne puis pourtant vous laisser croire que cette
« romance » de *Guillaume Tell* m'apparaît écrite dans le
style ordinaire du maître. Mais où Rossini en est-il allé
chercher les éléments? Ici, naturellement, nous ne saurions
que conjecturer. Tâchons, du moins, de conjecturer avec
quelque vraisemblance.

Il a été dit, sans doute par un commentateur familier avec
les théories wagnériennes, que Rossini avait semé dans son
Guillaume Tell des thèmes d'origine nationale, — je veux
dire helvétique, — thèmes réduits à un très petit nombre
de notes, et que font entendre les bergers pour rassembler
les troupeaux; d'où leur est venu le nom de « ranz des
vaches ». Même on est allé jusqu'à dire que le membre
de phrase musicale écrit sur les paroles « *Désert triste et
sauvage* » n'était autre chose qu'un *ranz*. De là on est
venu, — n'était-ce point fatal? — à supposer que Rossini
avait fait usage des *ranz*, à peu près comme Wagner devait
plus tard utiliser ses motifs conducteurs.

Je vous donne l'explication sans vous la garantir. Ajou-

terai-je qu'elle contredit tout ce que nous savons ou croyons
savoir sur la manière dont Rossini travaillait? Je veux bien
qu'un motif de *ranz*, préalablement entré dans la mémoire
du maître, se soit réveillé pendant qu'il travaillait à sa romance, porté, en quelque sorte, par le rythme et par le
mouvement de la phrase initiale. C'est là un de ces accidents d'invention coutumiers même aux inventeurs les plus
originaux. Toute préméditation en est absente.

Je ne crois pas, non plus, qu'elle soit préméditée, la ressemblance de l'air de Mathilde au thème chanté, dans l'*Ouverture*, par le cor anglais, ressemblance vague, diffuse,
et qui tiendrait de « l'air de famille ». Je veux dire que cette
ressemblance n'a point — excusez la métaphore — de foyer
principal, de centre. De part et d'autre, il est vrai, le rythme
est ternaire ; ici et là, les périodes de la mélodie se figure-
raient aisément par des courbes et non par des lignes
droites ou brisées... Ainsi, du point de vue de la forme, ces
deux thèmes pourraient être considérés, sinon comme deux
individus d'une même espèce, du moins comme deux exemplaires d'un même genre. Or, s'il est vrai que la phrase de
l'*Ouverture* a été empruntée et non inventée de toutes pièces,
et cela s'est dit, l'emprunt fait par Rossini à l'âme musicale
du peuple suisse a fait jaillir dans la sienne une source
vive d'invention mélodique. Et la remarque va loin. Et elle
ne tend à rien moins qu'à rapprocher de plus en plus les
deux méthodes, celle de l'artiste et celle de la nature
vivante. Je ne sais si le génie continue la vie ; à coup sûr
il l'imite. Et, de même que tout élément de matière brute
entré dans l'organisme d'un vivant, s'y assimile et, presque
aussitôt, s'y organise, de même il est curieux à quel point,
dans une âme d'artiste, l'imagination fait main basse sur ce
que la mémoire enregistre. Ce n'est pas assez de dire que

le génie marque de son empreinte ce qui lui vient du
dehors. Il s'en empare pour le soumettre à une fermentation nouvelle... Mais pourquoi ne pas dire tout uniment
qu'il se l'*assimile?* La formule est à la fois plus précise et
plus brève.

III

Je voudrais, en finissant, Messieurs, ramener votre attention sur l'une des plus regrettables pages d'un musicien
qui en a laissé tomber de sa plume beaucoup de médiocres.
Le « duo d'amour » de *Guillaume Tell* n'est-il pas, en effet,
d'une langue balbutiante, presque informe, sans souplesse,
et même, ce qui surprend chez un musicien tel que Rossini,
dénué d'aisance et de véritable verve? Les notes y sont tirées
péniblement les unes après les autres. Et l'on dirait que la
main du maître a commencé de s'alourdir. Est-il assez interminable, ce duo! Un *allegro* d'introduction, un *andante* et,
pour finir, un *presto* sur un rythme de polka! L'auteur a
voulu écrire une scène d'amour. Il n'a su écrire qu'une scène
de galanterie bavarde et, par endroits, presque triviale.
Et pourtant la rhétorique de l'opéra n'y trouverait guère
à reprendre. C'est d'ailleurs par où ce *duo*, justement insup-
portable à l'amateur, trouverait excuse devant la critique.
Il n'y a point toujours que les belles pages à être intéressantes; les médiocres même instruisent, et c'est ici ce qui
a lieu. Observez, en effet, la succession des modes et des
rythmes dans la première partie du *duo*. Les triolets de
l'orchestre simulent l'agitation :

La phrase chantée, aussi franche d'allure que gauche de dessin, convient, d'autre part, à la franchise de l'aveu. Puis, sur ces mots du livret : « *Je ne puis étouffer ma flamme, dût-elle nous perdre tous deux!* »

Oui, vous l'ar-rachez a mon à-me Ce se-cret que...

yeux. Oui, vous l'ar-rachez a mon à - me Ce se-

cret qu'ont tra-hi mes yeux ; je ne puis é-touffer ma

flam-me, dût-el-le nous per-dre tous deux.

On dirait, n'est-ce pas, qu'un nuage passe sur l'âme. C'est que la phrase musicale a passé dans le mode mineur. De nouveau, l'âme se remplit de lumière. Et de nouveau, le mode majeur apparaît. Quel accent de résolution prend la mélodie lorsque Mathilde avoue « *renoncer à étouffer sa flamme* »! Elle dit cela sur le ton dont elle donnerait un ordre. — Mais où est la passion? Où est cette flamme si embarrassante à éteindre? Elle a couru tout à l'heure dans

les triolets de l'orchestre, puis elle a disparu. Arnold la
ramènera quand son tour sera venu de donner la réplique...
Puis la musique se calme et s'efforce d'être tendre. Arnold,
qui s'est fait la leçon, n'a pas oublié son entretien du premier acte avec Guillaume. Là, comme naguère Almaviva dans
sa sérénade, il s'est successivement arrêté sur la quarte et
sur la tierce. C'est ainsi, paraît-il, que Rossini fait « sou-
pirer » ses amoureux. Arnold suit la méthode, et même il
n'en connaît point d'autre.

A quoi bon lire davantage ? Ne savons-nous point, de
par Stendhal, que Rossini n'a jamais connu que « l'amour-
goût » ? Étranger à l'amour-passion, « jamais il n'osa
aimer au point d'en être ridicule ». C'est encore Stendhal
qui le dit. Et nous nous permettrons d'ajouter : « au point
d'en être *lyrique* ». Or il nous arrivera, au cours de ces
entretiens, de nous apercevoir qu'un écrivain excelle
d'autant plus à rendre les émotions de l'amour, qu'il
trouve, pour les exprimer, des accents plus lyriques, c'est-
à-dire, après tout, plus personnels. Serait-ce donc que
pour peindre les émotions dramatiques, il est nécessaire de
les avoir éprouvées ? Stendhal nous le ferait croire, et au
besoin Racine. Pour me tirer des pleurs, dirons-nous en
altérant le texte classique, il faut, non pas seulement que
vous pleuriez sur la scène et par les yeux de votre héros
dramatique, mais qu'au moins une fois dans votre existence
d'homme, vous ayez répandu de vraies larmes. Et, si l'on
nous répliquait que les grands tragiques ont exprimé d'autres passions que celle de l'amour, nous aurions beau en
convenir, il resterait à nous demander pourquoi les autres
passions nous étonnent plus qu'elles ne nous émeuvent.
Est-ce parce que nous nous y reconnaissons moins ? Alors
n'en faut-il pas conclure que, chez le poète, et quand il

s'agit des passions moins universellement humaines, la part
de l'imagination psychologique a égalé, pour ne rien dire de
plus, celle de l'observation? Je signale, en passant, ce problème d'esthétique, et je me plais à reconnaître, avec Stendhal, l'un des défauts les plus ordinaires de Rossini. Il sait
exprimer la colère et, par moments, l'énergie. De là vient
qu'accidentellement il saura traduire, dans une crise pas-
sionnelle, les phases d'emportement ou de résolution. Mais
la tendresse, mais l'élan d'une âme qui se donne, mais ce
qu'il entre dans l'amour d'enthousiasme ou d'ivresse, si
l'homme qu'est Rossini s'en est quelquefois rendu compte,
son âme de musicien l'ignorera toujours. Il lui arrivera
d'être tragique. Jamais il ne sera pathétique au sens littéral
du terme.

Il l'a été, m'objecterez-vous, au commencement du second
acte, dans l'introduction symphonique du récitatif. — Il l'a
été, mais non directement. Il a su éveiller dans l'âme de
l'auditeur des images passionnelles, mais par l'intermédiaire
d'images plastiques ou pittoresques. Il n'a pas su lire directement dans l'âme de Mathilde. Pour l'*animer*, il lui a fallu
regarder autour de lui, et se la représenter par analogie avec
la nature environnante. Décidément, quand il veut passer du
pittoresque pathétique au pathétique pur, si la plume continue de courir, l'esprit a cessé de souffler.

QUATRIÈME LEÇON

LE PITTORESQUE DANS *Guillaume Tell*

I. Le chœur d'introduction. — II. L'Ouverture : analyse pittoresque. — III. L'Ouverture : analyse musicale. — Conclusions sur *Guillaume Tell*.

MESSIEURS,

Je vous montrais, dans notre dernier entretien, comment Rossini s'était essayé au pathétique et comment il y avait tantôt réussi, tantôt échoué. Les qualités d'émotion disparaissent de son style chaque fois qu'il veut entrer de plain pied dans l'âme d'un personnage, sans appeler à son aide l'imagination visuelle, inspiratrice éventuelle de l'imagination sonore ou musicale. La remarque est curieuse, et nous aurons aujourd'hui même, peut-être, l'occasion de la renouveler.

Pour l'instant, oublions les maladresses de Rossini chaque fois qu'il s'efforce d'exprimer les passions de l'amour. Détournons nos yeux — ou plutôt nos oreilles — de cet interminable duo du second acte, qu'on souhaiterait langoureux, qui n'est que languissant, et fixons notre attention sur ce beau poème symphonique dont le développement remplit la moitié du premier acte de *Guillaume*.

I

On ne saurait analyser en détail ce premier chœur, ou du moins il n'est pas de grande importance d'en essayer l'analyse. Remarquons seulement la manière dont la mélodie s'y dégage de l'harmonie :

Cette manière consiste à faire entendre successivement deux notes de l'accord parfait, en faisant halte sur la dominante. La dominante doit son nom, j'imagine, — aussi bien c'est une vérité que j'énonce et non une hypothèse que je hasarde, — à ce qu'elle est, plus que toutes ses voisines, « soluble dans l'air », à ce que les vibrations qu'elle fait naître semblent se prolonger plus au loin. Elle a un champ de résonance plus étendu. Je ne dis point ce qui est, je ne m'occupe point ici de savoir si la physique nous donne raison ou tort. Je note des effets psychiques ; et j'observe qu'à l'idée d'un champ de résonance étendu correspond l'idée d'une vaste étendue lumineuse. Puis je lis le texte : « *Quel jour serein le ciel présage !* » et j'admire avec quel art Rossini a su traduire ce texte et le remplir de l'émotion qui lui manquait. Le traduire : en effet, cette fréquente résonance de la dominante éveille et maintient une impression analogue à celle d'une lumière dont rien ne contrarie le pouvoir éclairant. Le remplir d'émotion : car l'harmonie des accords qui se succèdent, la lenteur du rythme, la douceur des timbres, tout contribue à faire naître, en même temps que l'impression d'une lumière partout également répandue, celle d'une paix profonde. Les âmes sont en fête ; et chacun, à sa ma-

mière, va célébrer la fête. Écoutez le jeune pêcheur dont
la chanson alerte, bien rythmée, bien dessinée, bien caden-
cée, convient à l'insouciante audace exprimée par les paroles. Puis écoutez les notes graves, presque menaçantes,
le court et beau monologue de Guillaume. Le drame s'annonce. Il ne se prolongera pas. Les bruits de fête continue-
ront de retentir jusqu'à ce que la scène se vide et que
Guillaume et Arnold se trouvent seuls face à face.

C'est ainsi que dans le *Prophète*, Meyerbeer nous offrira,
tout d'abord, une scène champêtre. Puis les « figures si-
nistres » apparaîtront pour en troubler la paix. Il me paraît
toutefois que Meyerbeer n'a pas égalé Rossini. D'abord, dans
Guillaume Tell, la progression de la symphonie au drame
est mieux marquée. La rupture n'est point brusque. Après
l'interjection de Guillaume, la barcarolle du pêcheur reprend,
et le tableau s'achève. De plus, il n'est nullement nécessaire
d'aimer par dessus tout la mélodie soi-disant « chantante » —
comme si la mélodie pouvait jamais être autre chose ! — pour
préférer le chœur d'*Introduction* de Rossini au chœur d'introduction du *Prophète*. Oui, j'entends bien le hautbois. Et,
quand les voix s'unissent pour chanter, la douceur des
accords m'est agréable. Mais des accords ne sont pas une
mélodie. Et dans le chœur du *Prophète*, je cherche vainement une phrase musicale qui se détache sur la basse.
Revenez maintenant au texte de *Guillaume Tell*, et observez l'art avec lequel le chant naît de l'accompagnement. Et
comme la phrase progressivement se développe et s'éclaire !
Et comme elle est lumineuse ! Et comme toutes les parties
de l'espace sonore en sont également remplies !

Remarquez de plus (et ceci est, au point de vue musical,
fort intéressant), qu'une même conclusion sert à deux thèmes
différents, et que chacun de ces thèmes convient également

à la même phrase finale. Les deux mélodies sont donc apparentées. Elles ont même mouvement, même direction, modulant, l'une et l'autre, dans le ton mineur immédiatement relatif. Elles ont aussi même rythme, rythme ternaire et lent, deux conditions nécessaires si l'on veut suggérer à l'auditeur des images de repos. Le rythme binaire convient à la marche, à la résolution (1) ; le rythme ternaire vif convient à la danse ou à la marche-danse telle que sont les *Marches aux flambeaux* de Meyerbeer, sortes de polonaises lentes ; le rythme ternaire lent convient à la prière, au repos ou au recueillement. C'est là ce qui justifie le maintien du même rythme, et dans le chœur et dans la barcarolle. Le pêcheur est dominé par l'impatience, non d'agir, mais de se mouvoir et de jouer avec les flots, au besoin avec la tempête.

Avant d'entrer dans l'analyse de l'*Ouverture*, je vous prierai de vous reporter, Messieurs, à une partie du second acte, passée exprès sous silence, et réservée pour le présent entretien. Souvenez-vous de la manière dont s'engage la grande scène de l'arrivée des trois cantons, et de la diversité des thèmes, chaque canton ayant le sien. L'intention, chez le compositeur, est assez évidente, d'élever, à ce moment de l'action musicale, le drame à la hauteur de l'épopée. Pour lui imprimer ce cachet de grandeur épique, il associe la nature à l'action. Il fait se succéder en nous les images pittoresques et les images dramatiques. Et par là, il nous fait éprouver cette inquiétude esthétique, qui, chaque fois qu'on la sent naître, éveille l'attente de quelque chose de plus grand encore que ce que l'on a devant soi, et qui, néan-

---

(1) Cf. le duo du premier acte entre Arnold et Guillaume et aussi le duo du second acte entre Arnold et Mathilde.

J. DAURIAC.

moins, a aussi sa grandeur. Tout cela sans doute a été loué, vanté, célébré en son temps. Il est bon de le redire, sous peine d'oublier que tout, jusqu'au wagnérisme, a son histoire, c'est-à-dire sa préparation par les œuvres des prédécesseurs, toujours à quelque degré précurseurs.

II

Les beautés de *Guillaume Tell* ont passé sous nos yeux, du moins celles qui accompagnent ou soulignent le développement de l'action ou les gestes des personnages, leurs allées et venues, leurs attitudes, leurs émotions... Il nous reste cependant à étudier un chef-d'œuvre symphonique, la partie, peut-être, de tout l'opéra, la moins entamée par le temps, l'*Ouverture*, œuvre écrite vraisemblablement une fois l'opéra terminé, mais absolument indépendante de l'opéra même, puisque tout y est de première main, puisque aucun fragment du drame musical n'a passé dans sa préface.

Représentons-nous Rossini travaillant à cette préface et s'interrogeant sur la manière dont il va la traiter. Il sait ce qu'est une ouverture. Il n'a pas créé le genre. Il y a excellé jusqu'à présent. Pourvu qu'on se fasse sur l'ouverture les idées que Rossini devait avoir et que, jusqu'à un certain point, il tenait de la tradition, on appréciera les ouvertures si vivantes du *Barbier*, de la *Gazza ladra*, de l'*Italienne à Alger*, même de *Tancrède* — toutes, d'ailleurs, taillées sur le même patron — celle d'*Otello*, celle de la *Semiramide*, qui est une refonte, un agrandissement, presque une transfiguration de la première. La destination de ces ouvertures est humble. Et, si j'osais pécher par irrévérence, je les compare-

rais à ces boissons dites « apéritifs » dont le but est, soi-disant,
de donner faim à ceux qui manquent d'appétit. Les ouvertures
dont je parle sont d'excellents apéritifs musicaux, parce
qu'elles sont d'une audition et — permettez-moi de continuer
la métaphore — d'une digestion facile. Les mélodies y manquent parfois d'élégance, de charme. Rossini les note au
courant de la plume ; soit. Observez pourtant de quel rapide
essor ces mélodies volent et avec quelle aisance elles impro-
visent les arabesques. Rien n'est plus efficace, vous en
conviendrez avec moi, pour la mise en train de l'oreille. Et
c'est pourquoi Rossini y cherche bien plus la rapidité du
mouvement que la beauté de la forme. S'il manque celle-ci, et
souvent il la manque, il ne s'en inquiète guère. Et nous ne
nous en inquiéterions pas plus que lui, si nous savions lire
ces ouvertures comment il convient de les lire. Il ne faut
pas les étudier. Il faut les déchiffrer dans le mouvement. Et
l'on s'apercevra — si l'on déchiffre au piano — de la difficulté
de ne pas jouer trop vite, tant l'action de cette musique est
prompte sur les fonctions motrices ! Et c'est pourquoi, très
justement, on la dit entraînante.

Rossini va renoncer à ce type d'ouverture comme il a
renoncé à son ancien type d'opéra. Il va essayer de l'ouverture prologue, dont, chez Gluck — pas dans *Orphée*
néanmoins — et chez Mozart (*Don Juan*), on trouverait aisément d'illustres exemples. L'ouverture–prologue est, elle-
même, un genre qui se divise. Ou bien l'on écrit une préface exclusivement musicale, composée de plusieurs motifs
extraits de l'opéra, sans attacher à leur agencement aucune
intention dramatique ; ou bien l'on choisit les motifs de
l'ouverture, moins en raison de leur beauté que de leur
signification. Le prologue musical convient à l'opéra–comique, puisque ce genre, comportant une musique exempte

d'émotion, autorise le compositeur à chercher l'agrément avant toute chose, et à faire naître l'agrément soit de l'élégance, soit de la beauté des thèmes. Le prologue musical-dramatique convient au grand opéra : d'où résulte qu'il y a deux façons différentes, non incompatibles d'ailleurs, de juger une ouverture, telle par exemple, que celle de *Tannhäuser* — Premièrement, on la juge en elle-même, sans s'inquiéter de savoir quelles raisons dramatiques ont présidé aux choix des thèmes. Et ce genre d'appréciation est légitime puisque, d'une part, l'ouverture d'un opéra forme un tout, et que, de l'autre, elle est ce que le compositeur veut nous faire entendre tout d'abord, à nous qui sommes censés ignorer, non jusqu'au titre, mais jusqu'au sujet du drame. En second lieu, quand le dernier acte est fini, l'ouverture prend un sens, et c'est ce sens qu'il s'agit de déterminer. D'où un second examen fait du point de vue du drame. Mais, pour qu'il en soit ainsi, l'ouverture doit-être composée de pièces et de morceaux — c'est ou jamais le cas de le dire. — Et tel n'est point le cas de l'ouverture de *Guillaume Tell*, à peu près unique en son genre dans l'histoire de l'ouverture de grand opéra au xix° siècle. Elle n'est pas une œuvre de musique pure. Elle n'est pas un prologue dramatique ; ce que l'on y entend n'est pas destiné à la réaudition, dans le cours de l'action musicale. Et pourtant elle est un prologue. Et, puisqu'elle n'a point ou ne paraît point avoir de caractère dramatique, puisque encore une fois, elle n'est pas une œuvre purement musicale, il reste qu'elle soit un prologue pittoresque, au moins dans ses parties essentielles. Et elle l'est.

Elle l'est même d'une façon si évidente, que nous pouvons en essayer l'analyse... pittoresque, avant d'en commencer l'analyse musicale. Les images plastiques suggérées par

cette ouverture le sont avec une intensité de relief, une
précision quasi objective, une évidence d'intention telles
que, pendant que l'on écoute, on ne peut maîtriser sa
vision intérieure. On voit en écoutant. On imagine en enten-
dant. Et que voyons-nous? A vrai dire, sont-ce des images
plastiques, des images de choses qu'excite, par exemple, le
beau chant du violoncelle dans l'introduction de l'*Ouverture?* Mais écoutez ce chant! Il est mélancolique et d'une
profondeur de mélancolie à laquelle, en dépit de ses
mérites durables, l'air de « *Sombres forêts* » n'a point su
atteindre. Une aspiration se manifeste pendant l'ascension
de la phrase, qui s'élève de la médiante à la sixte, stationne
sur la sixte, fait halte sur une note de passage, comme s
l'incapacité d'aller au delà se faisait sentir, puis retombe
alanguie, jusqu'à presque dépasser la tonique :

Et je dis « jusqu'à la presque dépasser », puisque cette
tonique, à la seconde reprise, et vraisemblablement pour
accentuer le caractère de la phrase, est accompagnée par
un *si* grave, comme si nous passions dans un autre ton, et
dans un ton mineur.

Il y a là de jolis effets d'ombre. Et les images qui s'ébauchent en nous n'en sont pas moins du type psychologique.
Je me permets ce néologisme, Messieurs, et je vais essayer
de le justifier, en dépit de l'incohérence de la métaphore. Ce

qui est psychologique, à vrai dire, ne tombant point dans le
champ de l'expérience sensible, ne saurait, à proprement
parler, donner lieu à aucune *image*. Il n'y a donc, au sens
littéral du terme, et il ne peut y avoir que des images visuelles. Toutefois, comme le mot « image » désigne un
objet de vision intérieure, quelque chose que l'on voit et qui
n'est pas extérieurement présent ; comme aussi toutes nos
sensations peuvent se reproduire en l'absence des objets
externes, on s'est servi du mot « image » pour désigner les
pseudo-sensations, produits à peu près exclusifs de notre
activité cérébrale, et qui peuvent naître en l'absence d'objets correspondants. Mais ce ne sont pas seulement des
« choses » que nous voyons les yeux fermés ; ce sont aussi
des sons qu'il nous arrive d'entendre, alors qu'autour de
nous rien ne résonne. Il y a donc des « images sonores ». Et,
s'il nous arrivait d'éprouver une sensation de contact alors
qu'il n'y aurait rien à portée de notre toucher, nous appel-
lerions cette sensation une « image tactile ». Supposez
maintenant — et je ne suppose rien qui ne soit objet d'expérience quotidienne — que, sans éprouver, par moi-même,
aucun sentiment ou d'amour, ou de joie, ou de tristesse, ou
de haine, je me figure quelqu'un, le premier venu, dominé
par l'un ou l'autre de ces sentiments, j'aurai le droit, par
analogie, de nommer cette représentation « image psychologique ». Psychologique : car il s'agit de sentiments, c'est-
à-dire d'états de conscience. Image : puisque ce sentiment
n'est éprouvé par personne, que je ne le ressens même
pas. Donc je l' « imagine ». - Or, dans le prélude de l'ouverture de *Guillaume Tell*, j'imagine un sentiment de mélancolie. J'ignore le drame qui va se développer. Mais, du
moment où les auteurs ont pris pour sujet un événement
historique ou légendaire connu de tous, et dans ses prin-

cipaux détails, je rapproche immédiatement cette image de
mélancolie d'images d'une autre nature. Le mot *Suisse*,
qu'involontairement ma parole intérieure prononce, excite
ce nouveau groupe d'images. Je songe à l'homme qui, pour
rendre la nature habitable, a dû préalablement la soumettre,
et n'est jamais certain de l'avoir domptée; aussi ses joies
sont-elles généralement courtes, silencieuses, traversées
par l'inquiétude du lendemain. Puis la phrase, dont le
charme continue de m'envahir, me fait songer encore, non
plus, cette fois, à la tristesse de l'homme, mais à celle des
choses et des lieux. Et l'imagination flotte d'un type
d'images à l'autre. Observons d'ailleurs que ces deux types
sont apparentés, se correspondent, que leur évocation mu-
tuelle est à peu près inévitable.

On chercherait vainement dans l'œuvre entier du maître
une phrase plus noblement, plus profondément mélancolique. Comparée à la « romance » de Mathilde, « *Sombres forêts...* » je lui donnerais l'avantage. Et la comparaison est
permise, puisque l'une et l'autre phrase nous émeuvent pa-
reillement. La qualité de l'émotion est la même. Mais non
l'intensité. La phrase de l'*Ouverture* envahit plus profondément. Le geste de langueur pénètre plus avant dans l'âme,
et cela parce que le geste de langueur y a plus de noblesse,
et que la courbe, dessinée par le geste, mesure dans l'espace
sonore une étendue presque double. Rappelez-vous la romance. Sur la dernière syllabe du mot: *forêts*, nous revenons
à la tonique : la période musicale de quatre mesures est
composée de deux hémistiches. Dans le chant de l'*Ouverture*, au contraire, la césure porte non sur le premier, mais
sur le dernier temps de la seconde mesure. Elle se fait
donc plus longtemps attendre. Et c'est pourquoi nous disons qu'exigeant, pour s'achever, un temps double, la

ligne mélodique est deux fois plus longue dans le thème
de l'*Ouverture* que dans la *Romance*. Vous le voyez, Messieurs, et je viens de vous en donner une preuve sensible,
la différence des impressions produites par les deux
phrases a beau être une différence de degré, un peu d'attention suffit pour que cette différence éclate. Ce n'est point
nous qui l'imaginons. Nous jugeons sur textes, et après
comparaison. Du reste, pourvu que nous ne nous laissions
pas maîtriser par nos impressions du moment, nous aurons
toujours quelque chance de trouver à nos admirations et aux
différences de degré entre nos divers sentiments d'admiration, une cause objective. Souvenons-nous de la sentence
de Platon, sentence d'une vérité éternellement humaine,
parce qu'en deçà de ce que Platon entendait lui faire signifier elle garde un sens universellement acceptable : « Les
choses sont belles par la beauté dont elles participent. » Ce
qui veut dire que, dans tous les cas où, après une comparaison réfléchie, nous préférons une œuvre à une autre, —
sauf erreur expresse bien entendu, — la première, effectivement et objectivement, surpasse la seconde.

Et, de même, quand j'assigne à la phrase d'introduction de
l'*Ouverture* une expression de mélancolie, ce n'est pas une
impression individuelle que j'énonce ; c'est l'impression
qu'elle ne saurait manquer de produire sur tous ceux qui savent entendre, même ne leur fût-il pas donné de « s'y
connaître ». Donc, au point de vue de la forme, je ne sais pas
de phrase plus exquise. Et, de même, au point de vue de
l'expression, je n'en connais, pour ainsi dire, pas de plus
claire.

Rossini, qui en est l'auteur, la comprenait-il comme nous ?
Lui attachait-il le même sens ? Autrement dit, pendant qu'il
l'inventait ou l'écrivait, en faisait-il la critique ? Assurément

non, Messieurs. Non. La nature de Rossini était trop prime
sautière et trop nonchalante pour qu'il eût jamais médité
sur les correspondances entre l'âme des choses et celle des
hommes, pour qu'il eût prémédité, par exemple, en imitant les bruits de la nature et en lui prêtant une sorte
de langage, de faire flotter notre imagination entre deux
groupes d'objets. Que son dessein ait été d'imprimer à notre
imagination cette élasticité de mouvement qui lui permet
d'osciller entre la représentation d'un site et celle d'un
état d'âme, il n'est non plus vraisemblable. Aussi bien la
nécessité, pour obtenir un résultat, d'une préméditation, est
d'autant moins évidente qu'un musicien, n'ayant que des
sons à combiner, ne peut rivaliser directement avec le
peintre ou le poète. Par la représentation d'un paysage,
le peintre nous fait ressentir un genre d'émotion, non pas
définissable, assurément, mais reconnaissable, ayant, si
l'on peut ainsi parler, sa marque propre. Le poète peut, au
moyen des mots, nous représenter une nature et, presque
en même temps, nous décrire le genre d'émotion que cette
nature fait naître. Le musicien, lui, n'a rien à représenter
directement. Mais, par la qualité de l'émotion qu'il éveille,
il peut exciter notre imagination visuelle, et déterminer
toute une éclosion d'images. Ainsi le procédé du musicien
est précisément inverse de celui du peintre. Celui-ci nous
mène de la représentation à l'émotion. Celui-là, par l'émotion qu'il fait sourdre, donne l'essor à nos fonctions représentatives. De là vient la liberté avec laquelle l'imagination
« voltige sur la musique ». De là vient l'impossibilité, où
trop souvent nous sommes, d'attribuer à une intention
expresse, chez le musicien, l'effet produit sur notre imagination par sa musique.

Et c'est pourquoi, Messieurs, cette phrase musicale, dont

5.

je souhaite que le commentaire n'ait pas inutilement retenu
votre attention, reste une phrase claire en dépit de son im-
précision apparente. Oui claire, puisque l'expression de
mélancolie y est indiscutable. Oui claire, encore qu'on ne
puisse dire si cette mélancolie est celle des hommes ou de la
nature. C'est là un détail d'attribution dont, si un musicien
s'avisait, il forcerait et fausserait son talent. Il ne saurait
d'ailleurs nous apprendre ce que l'instinct des justes limites
de son art lui fait une obligation d'ignorer. Ajouterai-je enfin qu'à cette ignorance, notre interprétation de l'ouverture
de *Guillaume Tell* ne saurait perdre, et tant s'en faut ! Car,
précisément, à l'approche des grandes secousses du sol, du
ciel ou de l'air, l'âme de l'homme ne fait qu'un avec celle
des choses. Leur mélancolie est sa mélancolie... Écoutons
maintenant, au lieu de disserter. Écoutons approcher
l'orage. Car ce ne sont point les timbales que j'ai entendues ;
c'est le tonnerre lointain.

Les violons commencent à s'agiter. Mais ce que j'entends,
ce ne sont pas les instruments à cordes, c'est la lutte du
vent et des arbres, c'est la colère du ciel entrecoupée par
les plaintes de la nature. L'intention descriptive est ici
évidente. — Comment décrire avec des sons? Comment
faire voir par l'intermédiaire de l'ouïe ? — Nous saurons
cela plus tard, et nous le saurons mieux quand nous
aurons eu devant nous plus d'un exemple. Pour l'instant,
persuadons-nous — et vraiment la chose est facile, puisque
le fait prime le droit — que ces mots de « musique descriptive » et de « musique pitorresque » sont d'un usage légitime. Un rhétoricien de la veille, seul, y verrait d'incohé-
rentes méthaphores.

N'est-il pas évident, encore une fois, que, pour entendre
l'ouverture de *Guillaume Tell* à la manière d'un musicien,

il faut écarter deux groupes d'images : d'une part, les images
visuelles consécutives aux perceptions sonores ; de l'autre,
intermédiaire entre celles-ci et celles-là, tout un groupe
d'images sonores, non musicales, dont l'influence est tellement dominante, qu'au lieu d'entendre des « sons », il
nous semble, si nous n'y prenons garde, entendre des
« bruits » ? N'exigeons point du public un si grand et si
difficile effort d'abstraction, et ne nous étonnons pas si ce
qui l'intéresse principalement, et presque uniquement, dans
cette musique, c'en est... le paysage. L'ouverture de *Guillaume Tell* fournirait en effet au peintre le sujet d'un
tryptique : la nature alpestre, 1° *avant*, 2° *pendant*, 3° *après*
l'orage. Et ce serait le moment de vous faire admirer la
simplicité des moyens mis en œuvre pour traiter musicalement le troisième tableau. Ne comparons point Rossini et
Beethoven. « L'aigle », pour me servir d'une expression de
Robert Schumann, écraserait le « papillon », cela va sans
dire. Mais l'ampleur du vol de l'aigle, mais la terrifiante
rapidité avec laquelle il se joue des vastes étendues d'air,
ont-elles jamais fait tort aux courbes gracieuses décrites
par les mouvements de l'insecte, à la chatoyance de ses
couleurs ? Oubliez donc, Messieurs, le final de la *Symphonie
pastorale*, et souvenez-vous de cet admirable réveil de
la nature que, pour nous rendre, Rossini s'est contenté
d'un cor anglais et d'une flûte. L'imagination, non plus,
n'en demande guère davantage pour achever son œuvre et
pour se figurer l'âme de l'homme, de concert avec l'âme de
la nature, fêtant le soleil et le retour de ses bienfaits.

Quel incomparable tableau musical que cette *Ouverture*,
et, dans sa concision, presque unique ! Et quel chef-d'œuvre
accompli ne nous eût pas laissé le maître, sans ce malen-
contreux final, où il y a décidément plus de tintamarre que

de vraie musique ! Pourquoi cet appel de trompette ? Pourquoi cette course effrénée des instruments à cordes ? Maintenant tout l'orchestre fait rage. Et la grosse caisse bat la mesure, ainsi qu'à la cinquième figure du classique quadrille. Si c'est la joie du peuple suisse rendu, comme par miracle, à la liberté, que le musicien s'est avisé de traduire, j'accorde qu'une telle joie ne saurait manquer d'être bruyante dans ses manifestations et, dans son expression, déclamatoire. Il n'importe. L'excès du réalisme, ici, nous offense. Et c'est assez l'impression générale.

III

Nous avons terminé la première et la plus longue partie de notre tâche : l'analyse « pittoresque » de l'*Ouverture*. La seconde sera infiniment plus courte, et peut-être moins intéressante, si ce n'est pour les musiciens de profession. On ne saurait l'omettre, croyons-nous. Au surplus, il n'est pas indifférent de constater, par exemple, que la phrase du violoncelle, pendant l'introduction de l'*Ouverture*, garderait toute sa valeur alors qu'elle n'exciterait chez l'auditeur aucun mouvement de l'imagination. Elle séduirait encore par l'ampleur de sa courbe et par la « mouvance » de ses teintes, effets, soit de la phrase elle-même, soit des basses d'accompagnement. Ces effets, j'ai dû les noter dans ma première analyse, parce qu'ils concourent à l'impression de mélancolie, et que cette impression est trop adhérente à la phrase, trop intimement liée au dessin de la mélodie, à sa couleur, pour permettre : au musicien, de négliger l'impression produite ; au psychologue, de passer sous silence les moyens mis en œuvre.

De l' « orage », au point de vue musical, nous ne saurions rien avoir que de très bref à dire. Observons seulement que le musicien n'y sacrifie pas au... peintre. Pendant que les instruments à cordes s'agitent, ils ne s'agitent pas en pure perte, et uniquement pour imiter les voix de l'ouragan. Ils dessinent une phrase musicale. Et les instruments en bois répondent aux instruments à cordes. L'orage avance : les gammes chromatiques se préparent. L'orage arrive, elles se précipitent : voilà la part du peintre. Voici maintenant la part du musicien : elle est dans la progression ascendante des accords qui donne lieu à une succession mélodique :

Elle est encore dans le passage du ton de *mi mineur* au ton de *sol majeur*, exigé, oserait-on dire, par une logique exclusivement musicale. Et, de même qu'un orage doit cesser, de même on ne passe généralement point, si ce n'est pour obéir à des intentions dramatiques définies, du *fortissimo* brusquement au *piano*, ni brusquement de l'*allegro* à l'*andante*. Les exigences de l'art et celles de la nature sont donc ici d'accord :

Cet *andante*, qui succède à l'*allegro* de l'orage, est un dé-

logue musical entre deux instruments (1), dont le registre et
le timbre diffèrent. La flûte fait penser à l'oiseau. Mais elle
n'y ferait pas penser, qu'on prendrait encore plaisir à entendre cette pluie de perles sonores tombant goutte à goutte.
Bref, dans cette peinture musicale, il se trouve tout autant
de musique que si l'auteur avait écrit en dehors de toute
intention descriptive. Je ne donne point cette remarque
comme une découverte. Je ne saurais la négliger cependant, puisqu'il est de mode aujourd'hui de reproduire, avec
une brutale exactitude, les bruits de la nature et de faire
traverser une symphonie, ou par un éclat de rire, ou par
une musique de foire, afin, sans nul doute, que le premier
venu ne s'y trompe pas. J'ai regret à le dire, le premier venu
s'y trompe. Il entend deux orchestres à la fois, deux orchestres dont l'un nuit à l'autre. Et, pendant que les jeunes
amis du compositeur prennent des attitudes enthousiastes,
les autres ont je ne sais quelle envie de se boucher les
oreilles. Car où la cacophonie commence, la musique cesse.
Rossini savait cela d'instinct. Aussi, d'exciter l'imagination
sonore ou visuelle au moyen de la sensation sonore, il a
pu l'oser sans témérité. Et certes il lui a été glorieux de
tenter l'entreprise. Et, si l'on doit lui adresser un reproche,
c'est d'avoir continué d'écrire alors que l'imagination
visuelle avait cessé de diriger sa plume. En effet, et l'observation en est des plus instructives, c'est au moment où
toute trace d'intention descriptive a disparu, que le style
faiblit. C'est peu de dire qu'il faiblit, car la chute, pour
n'être pas précisément lourde, n'en reste pas moins grande
et mémorable. Que l'auteur eût été mieux inspiré, n'est-ce
pas, Messieurs, de relier l'*Ouverture* à l'*Introduction* et d'en

(1) La flûte et le cor anglais.

rattacher les dernières mesures de la troisième partie aux premières du chœur initial !

Rossini a préféré composer son ouverture à la manière classique, et en faire comme une symphonie en abrégé, avec une *introduction*, un premier *allegro*, un *andante*... et un *presto* final. Et c'est pourquoi l'ouverture de *Guillaume Tell* finit dans un tintamarre. Il lui fallait une *coda*. —

Si j'osais plaider en faveur de cette *coda*, me reproche-riez-vous de me contredire ? Mais on ne se contredit qu'à la condition de soutenir le pour et le contre *en même temps* et *sous le même rapport*, ainsi que les logiciens ont accou-tumé d'enseigner. Or, si je blâme cette fin d'ouverture en la comparant à ce qui la précède, je serais tenté, l'isolant de tout le reste, de réclamer pour elle le bénéfice des cir-constances atténuantes. Oui, j'en conviens, la phrase en *mi majeur* y est déplorable : c'est de la musique d'hippo-drome. Et je me demande par l'effet de quelle gageure la phrase *fortissimo* en *ut mineur* qui la continue, réussit à en surpasser la médiocrité. Observons néanmoins que, dans une seconde phrase majeure, le style tend à se relever et que même, tout à fait, il se relève pendant une sorte de phrase incidente dans le ton relatif mineur :

Dans cette phrase, la rapidité du mouvement n'a pas à dérober l'insuffisance du style, car elle est très finement dessinée. Et encore devons-nous y louer l'aisance gracieuse avec laquelle on y passe de l'ombre à la lumière, ou plutôt du ton mineur au ton majeur. Voilà ce qu'il faut que l'on se dise si l'on veut se mettre en règle avec la justice.

Si j'avais à faire l'histoire du maître et à chercher quelles causes ont favorisé, retardé ou modifié l'évolution de son génie, je me demanderais, en finissant, pourquoi *Guillaume Tell* fut sa dernière œuvre dramatique. Et peut-être me rendrais-je assez difficilement aux raisons généralement invoquées. Le mariage de Rossini lui épargnait la nécessité d'écrire, je l'admets ; sa nonchalance naturelle l'inclinait au repos, j'y consens encore. Ces raisons que l'on donne — et Rossini les a pu donner de très bonne foi — ne me semblent pas suffisantes. Je serais bien près de croire que, s'il a posé la plume, c'est que, pendant qu'il travaillait à sa dernière œuvre, il l'a sentie trembler entre ses doigts. L'effort qu'atteste *Guillaume Tell* pour traduire les situations du drame et, jusqu'à un certain point, mettre à découvert les sentiments intérieurs des personnages ; pour surveiller une langue naturellement exubérante et, passez-moi l'expression, plus riche d'épithètes que de substantifs ; pour discipliner une inspiration trop prompte à venir et lui désapprendre d'improviser, — un tel effort n'est pas au-dessus des forces humaines : le succès de *Guillaume Tell* en est la preuve. Le génie du musicien s'est grandi dans l'effort... et il s'y est épuisé. Le silence de Rossini après *Guillaume Tell* en est un éclatant témoignage.

Voilà ce que j'essaierai de dire et de mettre en évidence, s'il m'arrive un jour d'étudier en détail la vie et les œuvres de ce musicien, qui fut, n'en ayons doute, l'un des plus grands du siècle, le plus grand de tous ceux qu'en ce siècle, ait produits la terre italienne. Mais c'est par d'autres réflexions que je veux terminer notre entretien. Et, puisque l'objet principal de mes leçons est l'évolution de la musique et du goût musical en France, je dois vous signaler l'influence qu'exercèrent sur cette évolution les impéris-

sables beautés de *Guillaume Tell*. Cette influence est souveraine. Elle dépasse infiniment celle dont on eut le tort de
faire honneur à la *Muette*, à moins que, dans la *Muette*, on ne
s'attache exclusivement au livret. Le premier grand opéra
français historique n'est décidément pas d'Auber. Il est de
Rossini, et cet opéra est celui dont nous venons d'achever
l'examen. Désormais Meyerbeer peut venir : l'auteur de
Guillaume Tell s'est chargé de lui préparer un public. Il a
fait plus encore. Car, puisqu'il est à peu près impossible de
prévoir quelle eût été, sans les œuvres de Meyerbeer et
d'Halévy, la fortune de cet autre « genre français » qui n'est
point l'opéra-comique, mais dont les destinées seront
presque aussi glorieuses ; puisque c'est dans le sillon tracé
par *Guillaume Tell* que vont bientôt marcher les auteurs de
Robert, des *Huguenots* et de la *Juive* ; n'est-ce pas à l'auteur de *Guillaume Tell* que revient l'inoubliable mérite
d'avoir le premier, par l'inauguration de ce genre, donné à
notre Académie nationale de Musique sa principale, sinon
peut-être sa seule raison d'exister ?

CINQUIÈME LEÇON

LES QUALITÉS MUSICALES DU STYLE DE *Robert le Diable*

I. Réflexions générales sur le style d'une musique d'opéra : différence entre les qualités musicales de ce style et ses mérites dramatiques. — II. Lecture abrégée de la partition de *Robert*. — III. Caractères généraux et sources du style de l'opéra.

MESSIEURS,

Guillaume Tell et *Robert le Diable* se suivent à deux années d'intervalle. Mais le moment où nous sommes est celui où la musique française produit ses chefs-d'œuvre. Je passerai sous silence les deux ballets, *Manon Lescaut* et le *Dieu et la Bayadère*. L'attention du public, à tort peut-être, ne s'y est pas fixée. Et de même je ne mentionnerai *le Philtre* que pour mémoire, bien qu'il ait eu, aux environs de 1860, trente ans après sa naissance, une cinquantaine de représentations. L'œuvre la plus significative du moment, avec *Robert*, et qui de quelques mois le devance, est le *Zampa* d'Hérold, œuvre restée vivante, et, plus peut-être que *Robert le Diable*, épargnée par le temps. Hérold est le digne continuateur d'une tradition dont, avant lui, le représentant le plus illustre n'est pas Auber, mais Boieldieu. Je ne sais s'il est exact de prétendre que Boieldieu est plus classique, et l'auteur de *Zampa* plus romantique. On le disait jadis, et, pour le dire, on avait vraisemblablement ses raisons. Nous en jugerons, à notre tour, quand nous traiterons de l'opéra-comique et de « l'évolution du genre ». Il nous faut commencer, dès aujourd'hui, l'examen de *Robert le Diable*, puisqu'il n'est pas d'œuvre parue après *Guillaume Tell*, dont Meyerbeer ait pu recevoir l'influence.

Ainsi que Rossini *Guillaume Tell*, c'est pour la France que Meyerbeer a écrit son premier chef-d'œuvre, et qu'il devait écrire ses autres ouvrages. Et la France, longtemps, lui a fait fête. Ne nous pressons pas, Messieurs, de répéter, après tant d'autres, que l'Allemagne s'est chargée de remettre les choses en place, je veux dire d'assigner à Meyerbeer son vrai rang. Car ce rang est encore, et de plusieurs degrés, supérieur à celui jusqu'où nos jeunes wagnériens du temps présent souhaiteraient le voir descendre. Un historien français du « drame musical » s'est passé la fantaisie d'omettre Meyerbeer (1). Je sais, en revanche, maint historien allemand du grand opéra qui en a usé moins librement avec l'histoire. Avant d'étudier Richard Wagner, il s'arrête devant Meyerbeer et en parle, non sur le ton de l'enthousiasme, mais avec justice, c'est-à-dire avec admiration. Que Meyerbeer soit de la race des « profiteurs », on perdrait son temps à en faire la preuve. Mais qu'est-ce donc que *Guillaume Tell*, sinon une œuvre préméditée en vue d'un succès sur une scène définie, et devant un public dont l'auteur s'est figuré connaître et a voulu flatter les préférences ?

N'abusons pas, Messieurs, d'un reproche décidément trop facile à généraliser. Constatons en toute sincérité, et con-

---

(1) J'ai nommé M. Schuré, dont j'apprécie fort les livres. Son *Histoire du drame musical* est vraiment instructive. Même là où il parle de Meyerbeer il n'est pas absolument injuste. Il a raison dans ce qu'il dit. Mais il s'en faut qu'il dise tout l'essentiel et qu'il justifie son droit de consacrer à l'œuvre de Meyerbeer une demi-page à peine, c'est-à-dire, après tout, de l'omettre.

sentons que ce soit à la gloire du maître, cette souve-
raineté d'influence qui a duré depuis *la Juive*, c'est-à-dire
depuis 1835, jusqu'à *Patrie*, c'est-à-dire jusqu'en 1886.
Cela fait juste un demi-siècle. Et nul n'oserait se porter
garant que l'école de Meyerbeer a eu dans l'auteur de *Patrie*
son dernier disciple. Il est donc vrai : si dans l'histoire
de la musique, on peut refuser à Meyerbeer l'une des premières places, l'historien de la musique française, ou plutôt
de l'opéra français, doit lui attribuer le premier rang.

i

Pas plus que nous ne l'avons fait pour *Guillaume Tell*,
nous ne saurions lire *Robert le Diable* à la suite. Trop d'observations et, en leur genre, trop différentes, nous arrête-
raient presque à chaque page. Ici, nous aurions à louer ou
même à admirer, ailleurs, à nous récrier. Souvent, — et à
l'occasion d'un même texte, — nous serions amenés à nous
presque contredire, condamnant, à un point de vue, ce que,
d'un autre point de vue, il nous faudrait absoudre. Mieux
vaut dès lors « diviser » notre étude. Aussi bien les beautés de *Robert* ne sont-elles ni pathétiques ni pittoresques.
L'émotion de la pitié nous effleure pendant le troisième acte.
Quant à celle de la terreur, nous l'éprouverions fréquente,
si la naïveté d'impression de nos pères pouvait nous être ren-
due, si nous savions nous mettre, vis-à-vis de l'œuvre, dans
l'état de culture musicale où se trouvaient naturellement les
spectateurs de l'année 1831. La musique de *Robert le Diable*
est constamment à la hauteur ou, tout au moins, au niveau
des situations. Public et connaisseurs, tous ont été una-
nimes à estimer d'un grand prix les mérites dramatiques de

l'œuvre. Nous y insisterons, Messieurs, mais pas aujourd'hui. Je vous prierai même de consentir, — pour aujourd'hui seulement, — à oublier les qualités dramatiques du style de *Robert le Diable*, pour ne vous attacher qu'à la forme musicale. Imaginez qu'au lieu d'un opéra, ce soit une symphonie qu'on vous propose de lire. En un mot, séparez le fond de la forme et considérez-les isolément.

Mais qu'est-ce que le fond ? Qu'est-ce que la forme ? Il y a longtemps que le problème nous guette. Déjà, quand il s'est agi de *Guillaume Tell*, vous avez pu vous apercevoir qu'après avoir sévèrement jugé, presque condamné le duo d'Arnold et de Mathilde, soudain je me ravisais pour absoudre. Et je ne me contredisais pas. Je faisais de la même page deux critiques successives, et j'en estimais séparément ce que, faute d'un terme meilleur, vous me permettrez d'appeler le style dramatique et le style musical. C'est ainsi, par exemple, que le style d'un drame peut être vulgaire, la langue en être pauvre, d'une part, et se recommander, d'autre part, à l'attention de la critique, grâce à des qualités peu communes de chaleur et de mouvement. Toutefois, sous des expressions telles que « le fond » et la « forme », la critique musicale entend, ou doit entendre tout autre chose que la critique littéraire. Le moment est venu d'y insister.

Et d'abord rappelons, ou, si nous ne l'avons déjà fait, posons en principe que, si l'on pense avec des mots, on ne pense point avec autre chose. L'idée ne saurait avoir d'autre véhicule que le mot. Dès lors, quand on parle des *idées* ou des *pensées* d'un musicien, on fait une métaphore et rien de plus. Autrement l'on confondrait un penseur, c'est-à-dire un assembleur d'idées, avec un artiste qui est, lui, et il l'est essentiellement, un assembleur de formes. On ne pense pas

en musique. Voilà ce qu'il ne faut pas craindre de dire, de
répéter, de démontrer, de publier partout, et avec la même
robuste confiance qu'avait Descartes quand il demandait
que l'on « publiât » partout l'étroite dépendance des vérités éternelles à l'égard de la volonté divine.

On ne *pense* point en musique. Et pourtant, que la musique éveille en nous des émotions, n'est-ce point l'évidence
même ? Certes, elle nous donne l'illusion d'une âme, non pas
pensante, mieux que cela, vivante et vibrante. Le fait de
cette illusion est indiscutable, et je n'ai pas à m'interroger
sur sa cause prochaine. Car il suffit à me faire comprendre
que, par la musique, nous puissions jouir, en quelque sorte,
dramatiquement. En effet, si l'émotion musicale met l'imagination en mouvement — et c'est assez le cas ordinaire —
si les événements par nous ou remémorés, ou imaginés,
sont du type pathétique ou tragique, on comprend que sur le
plaisir d'origine purement sonore, un autre plaisir se greffe,
analogue à ceux que le drame fait naître. Le plaisir musical
s'en trouve multiplié. Ce n'est pas assez dire, il en est approfondi. L'âme se sent remuée jusqu'en ses profondeurs.
Et c'est pourquoi la musique qui nous remue à ce degré est
jugée plus profonde que si elle ne faisait qu'agiter agréablement les fibres de l'oreille interne. Telle est la raison,
par exemple, qui assure à Beethoven sur Mozart une supériorité indiscutable. Sa musique est plus profondément
significative. Elle l'emporte par le *fond*.

Il reste à savoir comment un musicien réussit « pour le
fond » à l'emporter sur un autre, c'est-à-dire comment une
forme musicale devient expressive ou significative. Les
moyens d'y parvenir doivent être à l'avance inassignables.
Un opéra, une symphonie, ne sont pas objets de fabrica-
tion. L'observation des règles n'y est pas souveraine. Et il

n'est pas non plus certain qu'il y ait des règles. Tout ce que
l'on est en droit de dire, c'est que la valeur émotionnelle
d'une phrase musicale ne tient pas uniquement à la forme
que cette phrase dessine, mais à son mouvement, mais à
son rythme, mais au timbre de la voix ou de l'instrument
qui la chante ou l'expose. — Alors les qualités de fond s'ob-
tiendraient par des mérites accessoires, extrinsèques, si
bien qu'à les juger « fondamentales » on risquerait le plus
évident paradoxe? — Accessoires, extrinsèques, ces qualités
le seraient, en effet, si on les surajoutait à la forme, si
l'invention musicale procédait d'une façon inorganique, si
le compositeur dessinait, imaginait une succession sonore
réduite à ses éléments, en quelque sorte, linéaires, puis lui
imprimait son mouvement, puis la revêtait de ses couleurs,
autrement dit de son timbre. L'analyse isole chacun de ces
éléments. Mais l'imagination de l'artiste procède d'une tout
autre manière. Elle ne fabrique pas. Elle invente. Autrement dit : la phrase musicale naît presque organisée dans
l'âme de l'artiste. La forme musicale, le mouvement dont
elle est animée, la hauteur des sons qui s'y succèdent, le
timbre vocal ou instrumental qui l'exprime, tout cela est
assurément séparable, et leur séparation est l'office propre
de la critique. Mais, dans l'instant de l'invention, la liaison
de ces éléments est, le plus souvent indissoluble, et l'artiste les imagine assez souvent d'emblée comme faisant
partie d'un même tout organique.

J'ai défini le fond. Qu'est-ce maintenant que la forme?
Mais je vous l'ai déjà, Messieurs, presque donné à entendre.
La forme, c'est la succession des notes qui constituent la
mélodie ; c'en est le dessin. Et la mélodie est une forme
parce que, dans l'espace sonore — espace métaphorique —
qu'elle semble traverser, on dirait qu'elle laisse une trace

d'elle-même, comme une sorte de... pointillé. Le pointillé n'est pas continu dans son essence, puisque le point, essentiellement, diffère de la ligne. Il l'est néanmoins, accidentellement, par la direction des points juxtaposés, par la ligne idéale que cette direction figure. Le nom de « forme musicale », le nom de « ligne mélodique », consacrés d'ailleurs par un fréquent usage, deviennent alors d'un emploi légitime, puisque la mémoire imaginative, reliant les sons qu'elle vient d'entendre, pour les unir à ceux qu'elle va percevoir, donne au successif, qui est par essence fugitif, l'apparence du simultané. Donc notre imagination — ou plutôt, pour mieux dire, notre mémoire imaginative — accomplit un travail grâce auquel nous nous figurons percevoir l'unité d'une mélodie, comme si l'acte de la percevoir était indivisible et instantané. Cette mélodie, faite de phrases qui se suivent ou vont en sens inverse l'une de l'autre, revêt l'apparence de lignes, ou qui se continuent, ou qui s'interrompent. Et voilà la forme musicale créée, non seulement par la métaphore de l'écrivain, mais encore par l'imagination spontanée de l'auditeur. Ne croyons pas que la perception de cette forme soit l'effet d'un privilège octroyé à un petit nombre, puisque aussi bien c'est à la conclusion contraire que nous nous trouvons conduits. Quelques rares personnes ont l'infirmité, dont elles ne souffrent point d'ailleurs, pas même dans leur amour-propre, de ne pouvoir goûter l'agrément d'une mélodie parce que l'unité de cette mélodie leur échappe. Toutefois dans notre Europe musicalement civilisée, le nombre de ces personnes tend de plus en plus à disparaître.

Nos termes sont définis. Leur définition est expliquée, commentée, nous voudrions pouvoir dire justifiée. Essayons maintenant de déterminer les mérites de la forme musicale dans *Robert*. Et pour cela, si je vous prie de vous mettre au piano sans prendre garde aux paroles, c'est que les paroles vous aideraient à découvrir ces mérites dramatiques dont nous allons provisoirement nous détacher ; c'est que l'orchestre vous y aiderait aussi, en raison de cette fonction psychologique des timbres sur laquelle vous avez déjà quelques clartés : nous y avons touché dans notre analyse d'un récitatif de *Guillaume Tell*. Les propriétés en quelque sorte décolorantes du piano sont véritablement précieuses pour juger une œuvre de musique, au point de vue exclusivement musical. Et c'est ce qui a, plus d'une fois, fait dire qu'un musicien dont la musique réduite au piano, dépouillait sa beauté, était décidément un musicien médiocre. Je ne défends pas cette opinion. Je l'excuse et surtout je l'explique.

Figurons-nous donc que nous sommes en 1831, que nous ouvrons la partition de *Robert le Diable*, réduite pour *piano solo*, connaissant la *Muette*, *Guillaume Tell*, la *Dame Blanche*, ayant lu quelques pages de Mozart, tel après tout qu'était, vers 1863, celui qui a, Messieurs, l'honneur de vous entretenir.

II

L'*Ouverture*, d'emblée, s'impose à l'attention : On l'admire

et l'on en est satisfait. On admire parce qu'on s'étonne de l'art, auquel, par hypothèse, on n'est guère accoutumé, qui

a permis à Meyerbeer de moduler une phrase pour développer un thème (1). Et on est satisfait d'admirer parce qu'on
reconnaît la phrase, malgré le déguisement qu'elle vient de
prendre. L'auditeur s'attribue un mérite d'intelligence musicale qu'il vient de se découvrir. J'insiste sur ce détail
parce qu'il nous permet de comprendre l'influence possible,
probable même, de la musique de Meyerbeer sur le goût et
l'intelligence musicale des contemporains. Ces contemporains aimaient-ils la mélodie, l'*Ouverture* avait de quoi les
satisfaire. Souvenons-nous de cette phrase mineure admi-
rablement dessinée :

qui interrompt le développement du thème initial, ou,
plutôt, qui en sépare les deux développements. L'habileté
de l'écrivain mérite ici des éloges. On dirait qu'il ne perd jamais de vue son lecteur, et qu'il veut, mais progressivement,
discipliner notre oreille musicale sans la heurter ou la fatiguer.
Le second développement du thème est un peu plus long que
le premier. Les lignes brisées aiguisent leurs angles au-dessus de la ligne droite que les basses lourdement dessinent... et puis, tout à coup, c'est une ligne courbe aux
inflexions gracieuses et qui vient comme nous récompen-
ser de nos efforts d'attention. Car ou nous en avons fait, ou
nous avons cru en faire. Rossini, dans son troisième acte de
Guillaume Tell (2), avait commencé de nous faire entendre

---

(1) Je me trompe : « pour suppléer à son développement ». En effet,
Meyerbeer ne développe généralement pas. C'est ce qui résulte des
remarques qui vont suivre. Mais à un auditeur de l'an de grâce 1831,
ignorant de la symphonie classique, cette différence nécessairement
échappait.

(2) Voir notre deuxième leçon.

deux airs à la fois, le chant du baryton, le chant du violoncelle. Meyerbeer fait davantage.

En même temps qu'entre les notes fondamentales du
thème il nous fait entendre d'autres notes exécutées par la
main droite, qui au lieu de glisser « cascadent et presque
dégringolent » (passez-moi ces termes dont, si la familia-
rité vous offense, c'est au compositeur et non à moi que
vous devez vous en prendre), il module son thème. Rossini a
doublé le travail de l'attention et encore exceptionnellement.
Meyerbeer ici fait plus : il le triple, puisque, pour nous as-
similer cette ouverture, nous devons : 1° percevoir le thème ;
2° le reconnaître malgré ses modulations ; 3° en même
temps que le thème et ses modulations, percevoir les traits
de main droite dont l'effet est visiblement d'occuper l'oreille,
insuffisamment occupée par le motif dominateur :

L'*Ouverture* est lue. L'*Introduction* commence, et, quand
nous passons du ton d'*ut* mineur au ton de *fa*, passage à
l'occasion duquel s'exaltait jusqu'à l'enthousiasme Gambara,
l'un des héros les plus obscurs mais non les moins intéres-
sants de la *Comédie humaine*, nous ne sommes ni char-
més ni même intéressés. Pourquoi ces accords qui se
succèdent brièvement et précipitamment à la manière d'une
sonnerie électrique ? Heureusement ils ne durent pas. Et,
s'ils reviennent, nous leur serons indulgents. Nous remer-
cierons l'auteur de la jolie modulation intercalée entre les

deux reprises... Mais quelle étrange négligence n'allons-
nous pas lui reprocher !

Ne dirait-on pas d'une ronde que Meyerbeer a entendu
chanter par des enfants, un dimanche qu'il se promenait aux
environs de la rue Poissonnière? La modulation a beau
intervenir, la marque de roture reste ineffaçable : et déjà
Meyerbeer est soupçonné de trivialité. Tournons vite la page,
et donnons-nous le plaisir de suivre une presque jolie
phrase dans le ton de *si bémol*, non pas élégante, ni même
simplement distinguée de forme, mais alerte, presque pim-
pante, et qui mettrait les gens de bonne humeur :

La voilà traversée par des accords graves et obligée de
reparaître dans un autre ton :

D'où vient ce caprice? Très probablement le drame
en est cause, le drame que, par hypothèse, nous con-
sentons provisoirement à ignorer, mais qu'à travers les
portées du texte musical, aisément on devine. Il n'importe. Le contraste produit par l'intervention des accords
interrupteurs et la modulation qui en résulte pour la jolie
phrase ajoutent à son agrément.

Et la lecture se continue avec un plaisir croissant. Çà et
là, je l'accorde, — et « çà et là » signifie presque : à chaque
page, — on voudrait un style plus châtié, des phrases qui,
tout en se suivant sans se ressembler, seraient, par une élégance de forme à peu près égale, plus dignes de s'assembler.

Meyerbeer a certes plus de mouvement que d'élégance, et, s'il nous entraîne, rarement il nous élève. Ces pages manquent vraiment un peu trop de poésie. Auber lui-même, dont nous avons assez dit qu'il ne saurait jamais être qu'un musicien en prose, est-il descendu aussi bas? Voilà ce qu'on se demande. Et quand même, on se laisse emporter par cette langue musicale dont, si le vocabulaire est de basse origine, la phrase est extraordinairement vivante. Ce ne sont plus, comme chez Auber, les associations par ressemblance qui dominent, mais bien plutôt, mais surtout, mais presque constamment, les associations par contraste. Écoutez donc ces phrases courir les unes au-devant des autres, comme s'il s'agissait de lutter entre elles! On dirait qu'elles se cherchent, mais elles ne se cherchent que pour s'opposer et s'interrompre.

Et l'effet sera le même pendant tout ce premier acte, non pas précisément beau, mais d'une singulière richesse mélodique, — j'ai dit richesse et non originalité, — où la musique vit et se meut jusqu'à en être non pas seulement palpitante, mais, qui plus est, agissante. Et comme cette musique vous tient en haleine!

J'en sais plus d'un qu'elle déconcerte et qu'elle lasse, et qui l'appellent de la musique de foire, et qui, à force d'y souligner les trivialités, en sont venus à railler les admirateurs de jadis. Ils ont tort. Ils devraient glisser sur les défaillances du style, et elles sont nombreuses; sur les fautes de goût, et on les trouve sans les chercher; sur les lourdeurs du tracé mélodique, et c'est merveille quand une mélodie coule de source. Je fais la part des défauts, et on la ferait difficilement plus grande. Mais *Robert le Diable* est écrit — passez-moi la comparaison — dans une langue d'orateur populaire. C'est ainsi qu'il le faut juger. A ceux

qui la jugeraient ainsi, cette langue apparaîtrait merveilleuse,
étant merveilleusement appropriée à sa destination. Et les
qualités propres de cette langue ont fait le succès du premier acte. Aussi bien, dans ce premier acte, les défaillances
de détail ne comptent guère, pour qui s'attache à l'ensemble,
pour qui consent à recevoir cette légitime impression d'étonnement née de l'incessante génération des thèmes et du
double mouvement qui les emporte. Car, outre leur mouvement de translation dans l'espace sonore, et dont la rapidité
est peu commune, ils en ont un autre, non plus extérieur en
quelque sorte, mais intérieur. Car, en changeant de lieu, ils
changent aussi de teinte ou plutôt de ton. La fréquence de
ses modulations contribue à rendre une phrase vivante.

Les actes dits « italiens » de *Robert*, le second et le
quatrième, à la représentation, se laissent encore entendre. « A la partition », la lecture en est stérile, donc
intolérablement ennuyeuse. Essayons, quand même, de
dompter notre ennui. Dussions-nous en conclure que
Meyerbeer est assez impropre au maniement de la forme
italienne, — à moins qu'au lieu d'inventer il s'en tienne à
une sorte d'imitation littérale, — nous n'aurions pas, j'imagine, à plaindre notre peine. En effet, dans le « grand air »
d'Isabelle, au deuxième acte, n'est-ce point le souffle qui
manque le plus ? Observez comme la première phrase en
sol, naturellement courte, pour se développer s'étire, jusqu'à presque s'en rendre difforme. Et les triples croches de
la phrase en *ré* continuent de faire trébucher la mélodie :

Je passe sur le mouvement de valse en *mi naturel mineur*.

Et je voudrais passer plus vite encore sur la phrase en *si*
majeur qui lui fait suite. Pour en sauver le ridicule au
théâtre, je ne sais décidément qu'un moyen : la supprimer,
comme on a fait d'ailleurs pour le duo d'amour entre Robert
et Isabelle... — Mais pour en finir avec les trivialités, les
gaucheries, — et c'est sur quoi j'insiste, car Meyerbeer a su
s'y prendre de façon à être banal et gauche, ce qui n'est
point l'ordinaire, — il faut en finir avec le personnage d'Isabelle. Dès que Meyerbeer la rencontre, sa plume vacille, et
son imagination musicale s'appauvrit. — Même dans « l'air
de grâce » ? — Là surtout, oserai-je dire. Oubliez le drame.
Ne vous préoccupez point de savoir si la musique est ou
n'est pas en situation et lisez cette pitoyable phrase en *fa*
majeur :

Oui, pitoyable, car elle donne l'impression d'une phrase
musicale en détresse. Écoutez ce malheureux *ré* pris,
comme dans un étau, entre le *mi* et l'*ut*, et qui, malgré
ses implorations réitérées, ne peut échapper aux inconvé-
nients du voisinage qu'en appelant au secours le *la* et le *sol*
supérieurs. — Mais le duo qui vient avant « l'air de grâce »
n'est-il pas digne d'attention et, au besoin, d'approbation ?
— Les triolets y font rage, et l'invention mélodique y fait
défaut : ni écrit ni pensé, dirait-on, s'il était permis d'appliquer à la rhétorique musicale les mots de la rhétorique
ordinaire. Ni pensé, en ce sens que l'effort d'imagination

y est nul. Ni écrit, attendu que l'indigence du thème n'y
est masquée par aucun travail d'accompagnement ou de
modulation. Quant au final de l'acte, s'il est d'une facture
italienne, ce que je n'aurai garde de contester, il est de facture médiocre, sans originalité d'abord, sans élégance ensuite. On se croirait au cirque... à moins que ce ne fût au
café-concert.

J'ai négligé à dessein, Messieurs, la lecture du troisième
acte, désireux d'en finir au plus vite avec les parties les
plus fâcheuses de *Robert*. Ceux de vous, — et ils sont nom-
breux, je l'espère, — qui ont quelque souvenir de la partition n'ont pu manquer d'admirer, dans ce troisième acte,
le mouvement qui anime le premier duo, celui qu'on appelle le *duo bouffe*. (Nous verrons qu'il l'est quand sera
venu le moment d'étudier la musique de *Robert* dans ses
relations avec le drame.) La « valse infernale », non plus,
n'est pas dénuée de caractère. Et la phrase en *si majeur*
achève de l'anoblir.

Puis c'est une romance pour voix de *mezzo soprano*,
assez péniblement dessinée ou plutôt... chevillée. Qu'elle
ait plu en son temps, voilà qui nous étonne : car vraiment
on le dirait, les rôles de femme portent malheur à Meyerbeer. Tout à l'heure, dans le *duo* qui va suivre et qui a
passé pour un chef-d'œuvre, si l'invention faiblit, ce sera
par la faute du *mezzo soprano* répliquant à la *basse*. A une
phrase de belle allure chantée par la voix grave, la voix
aiguë répond par des syncopes. Et de tissu mélodique
sous-jacent, il n'y en a guère. Sans compter que l'auteur,
dans ce *duo*, mêle deux styles, celui de la symphonie allemande, celui de l'opéra italien. — Il n'en sera pas autrement
dans le *duo* de Marcel et de Valentine. — Il n'en sera pas
mieux non plus. A cette incohérence musicale près, la page

reste l'une des meilleures, et de l'acte et de l'œuvre. Observez, par exemple, dans la phrase d'exorde en *mi bémol*, cette lente descente des degrés de l'échelle diatonique :

Et notez-y l'*appogiature* initiale qui souligne l'allure majestueuse du thème. Soudain thème et rythme changent. Une phrase éclate en *si majeur* sur un rhythme à trois temps, rythme d'impatience ou de colère...

Le texte du livret, plus tard, en précisera la signification. Mais que le rythme change et que nous sautions brusquement d'un ton dans un autre, il n'importe : le style se soutient.

Le style va grandir encore dans le « trio sans accompagnement » composé essentiellement de deux thèmes, dont l'un mineur, court, est d'une brièveté poignante. L'autre, plus ample et plus largement épandu, suggère, je ne sais si je dois dire l'idée ou l'image d'une aspiration au ciel, d'une ascension. Rien encore dans *Robert* ne s'est rencontré d'une forme aussi parfaitement belle. Il faudra nous en souvenir, si nous voulons pardonner au musicien le vulgaire début du duo entre le ténor et la basse, et encore et surtout les puérilités « imitatives » de la « procession des nonnes » et de la « Bacchanale ».

J'ai omis l'*Evocation*. A qui n'a point le texte sous les yeux, la valeur en échappe. Mais volontiers, Messieurs, je signalerai à votre admiration l'une des phrases de ballet les plus exquises que Meyerbeer ait jamais écrites. Rien n'y manque, ni la grâce de la forme, ni l'ampleur aisée du développement. On la dit voluptueuse, quand on en sait la destination scénique. Quand on l'ignore, on la dit ravissante, ce qu'elle n'a jamais cessé d'être, même aux oreilles des délicats. A l'impression de charme s'ajoute, il est vrai, pour se combiner avec elle et, par suite, pour la renforcer, une impression de langueur. Notez, Messieurs, ces haltes sur la seconde, ces descentes sur la sensible. Et l'on dirait que la phrase ne peut toucher à sa tonique sans en être aussitôt écartée...

Je souhaiterais finir dès maintenant cette lecture abrégé de la partition de *Robert*. Mais comment négliger, au cinquième acte, les pages singulièrement vivantes et mouvantes du *trio*? Comment aussi ne pas être offensé, çà et là, par le laisser-aller de la forme, quand ce n'est point par la lourdeur du coup de crayon? On s'étonne vraiment d'avoir à relever d'aussi fréquentes négligences chez un maître capable d'écrire le beau, l'incomparable chœur religieux dont les derniers accords sont ceux de l'opéra. Voilà la maîtresse page de l'œuvre, non pas assurément la plus dramatique mais, du point de vue strictement musical, la plus grandiose de tout l'opéra, page traitée dans le style des grands « or-

ganistes » du xviie et du xviiie siècle. Grandeur, élévation,
pureté, candeur, recueillement, toutes les nuances du sentiment religieux s'y rencontrent. C'est la grâce de Mozart,
dit à peu près Balzac, traversée par le souffle puissant de
Haendel. En tout cas, c'est la perfection même du genre.
Et je vous prie d'observer que, dans cet admirable chœur,
l'émotion jaillit, si l'on peut ainsi dire, de la forme. Elle
naît de l'agencement des lignes mélodiques et nullement
de la situation.

Les dernières pages de l'opéra ont passé devant nos
yeux. Il nous reste maintenant : 1° à tâcher de caractériser,
si possible, le style de *Robert le Diable*; 2° à dériver ce style
de ses sources. — Nouveau pour des oreilles françaises de
l'an 1831, en soi, ce style ne l'est guère : nous en aurons
incessamment la preuve.

III

Le style de Meyerbeer dans son premier opéra français,
et tel, encore une fois, qu'à la lecture de la partition « réduite », il est aisé de s'en rendre compte, se recommande
par des dons de clarté, d'aisance, de force et de fermeté.
La clarté de ce style s'atteste, et aussi son aisance, par la
facilité avec laquelle les phrases s'incrustent dans la mé
moire du lecteur. Quant à la fermeté, quant à la force, elles
se déploient souvent avec un tel excès qu'elles dégénèrent
ou en lourdeur ou en brutalité. Et cette brutalité, qui verse
inévitablement dans la trivialité, est ordinairement volon-
taire. D'ailleurs, les négligences ou les imperfections de
l'écrivain ne sont jamais, chez lui, les effets de la nonchalance. S'il ne fait pas tout ce qu'il veut, du moins il veut
tout ce qu'il fait. Les qualités vigoureuses de sa langue

musicale, le mouvement qui les anime, ce n'est pas assez dire, qui les entraîne et les emporte, l'abondance parfois laborieuse de ces thèmes, tout, chez l'auteur de *Robert le Diable*, est le fruit de l'effort et, jusqu'à un certain point, de l'épargne. Mais ce qu'il cherche, il le sait trouver parce qu'il le sait attendre, et, aussitôt trouvé, il le sait faire mouvoir et vivre. Médiocrement original dans ce qu'il invente, il a de rares bonheurs de distribution. A chaque thème il assigne la place où il saillira le mieux. C'est le plus habile et le plus patient des maîtres mosaïstes. Pour la préparation des effets, je lui connais peu de rivaux. De tout ce qu'il a combiné pour lui plaire ou pour le surprendre, il entend que le lecteur ou l'auditeur s'aperçoive. Et le lecteur s'en aperçoit toujours. Et il admire à quel point ce compositeur, fils adoptif d'un banquier richissime, a manifesté dans l'exploitation de son talent les qualités de l'homme d'affaires, qui sont aussi les qualités proverbiales de sa race. Certes on peut dire que Meyerbeer a payé sa gloire. Il l'a payée deux fois : de son argent d'abord, car il savait — le bruit en a couru — rétribuer sans trop compter les éloges d'une presse dont la cupidité, pour cette fois, ne faisait aucun tort à la sincérité ; il l'a ensuite payée de sa persévérance, de son obstination à maintenir longtemps et longuement sur le métier des œuvres qu'il jugeait n'être pas encore au point.

Les ennemis de Meyerbeer, Wagner en tête, lui ont tenu rigueur de son manque d'originalité. Cette rigueur est de trop. L'artiste qui prend à autrui, le plus souvent l'ignore, surtout quand, sur ce qu'il emprunte, il est assez heureux pour apposer son sceau. L'emprunt cesse alors d'être excusable. Il devient légitime.

— Il le devient seulement quand toute marque de l'origine a disparu. Et elle n'a point disparu des œuvres de Meyer-

beer. Et surtout elle n'a point disparu de *Robert le Diable*. —
Au regard du critique peut-être. Mais le public, qui croit à
la réalité de l'inspiration, mais le connaisseur (et de ce
connaisseur les exemplaires abondent), qui ne soupçonne
point les lois de l'invention, et qui continue à la tenir pour
un miracle, celui-là tiendrait volontiers l'auteur du premier, du troisième et du cinquième acte de *Robert* pour un
compositeur original. Au surplus, cet odieux office de « dé-
marcage », que les ennemis de Meyerbeer, s'ils osaient, lui
reprocheraient ouvertement, Meyerbeer, si pauvre en invention qu'on se le figure, avait encore en lui-même assez
de ressources pour se passer d'y recourir.

Mais il a emprunté, la chose est bien certaine. A la France,
d'abord, il a emprunté, vraisemblablement, le premier thème
du premier chœur d'Introduction, et visiblement le motif
de « ronde » qui lui fait immédiatement suite, et qu'on dirait extrait d'un recueil de nos chants populaires. Ce motif
n'en est pas meilleur pour cela, tant s'en faut. Le thème de la
ballade, lui aussi, est taillé à la française ; le style en est
clair, mais les arêtes y sont saillantes : à la clarté s'ajoute
la « distinction ». Je donne à ce dernier mot le sens que
lui attribuait Descartes, qui n'exclut nullement la trivialité.

En beaucoup plus grand nombre se rencontrent dans *Robert le Diable* les fragments de marque italienne. Les thèmes
du second et du quatrième acte ne sauraient être dérivés
d'une autre origine. Ils ont perdu néanmoins leur souplesse
et leur fluidité natives. Ils ont pris en revanche ce je ne
sais quoi d'*emprunté* qui trahit chez l'auteur l'intention —
très probablement inconsciente — de rompre avec ses
habitudes de jeunesse. Ouvrez la partition de *Marguerite
d'Anjou* : voilà de l'italien véritable. Dans *Robert* il ne se
trouve que de l'italien frelaté.

L. DAURIAC.

7

Les véritables emprunts de Meyerbeer veulent être cherchés ailleurs. Car ils sont indéniables. Car ses défauts naturels — malgré lui et à son insu — ont fait de lui un emprunteur. Car il ne sait, ni développer comme les maîtres de l'Allemagne, ni, comme ceux de l'école française, associer des thèmes semblables. Donc il ne sait pas inventer. Le développement d'une phrase est, en effet, contenu dans cette phrase même. Il y sommeille à l'état d'*involution*. Pourtant il s'y trouve. Et en musique, plus peut-être que partout ailleurs, le présent, selon une mémorable sentence de Leibnitz, est gros de l'avenir et le contient à l'état de puissance. Mais le futur ne se dégagera qu'à une condition. Et cette condition est expresse : c'est que le germe n'en sera point transplanté — quittons la métaphore — c'est que celui-là seul saura développer un thème qui en aura trouvé la forme. L'inhabileté de Meyerbeer au développement des phrases suffirait à dévoiler l'importation de ses thèmes, si l'on n'en pouvait avoir d'autres témoignages. Mais il est d'autres preuves, et en voici.

N'avons-nous pas fait observer que le mélange des styles est fréquent chez Meyerbeer ? Il l'est surtout dans *Robert le Diable*, et l'on en pourrait multiplier les exemples. Considérez la première romance du *mezzo-soprano*, celle qui, au premier acte, s'intercale entre les deux grandes scènes. Arrivée à ces mots du texte : « *Et dans les cieux suivre sa mère* », la phrase devient italienne de facture et de succession mélodique. Les exemples de succession du même type fourmillent chez Bellini :

A part cette phrase italienne qui, tout naturellement,

s'intercale dans la romance, le reste est allemand d'origine. Depuis la première jusqu'à la dix-huitième mesure, on se jurerait en présence d'un *andante* symphonique. Et la conclusion de la *romance* ne servirait-elle pas, au besoin elle aussi, de conclusion à notre *andante?*

Après l'*andante* souhaitez-vous le *scherzo?* Il ne se fera pas longtemps attendre. La *Sicilienne* chantée par le ténor, et dont les censeurs ont raillé les italianismes, n'est ni plus ni moins qu'un *scherzo* symphonique. Remplacez la voix et l'orchestre par un simple quatuor « à cordes », ralentissez, — mais à peine, — le mouvement de la phrase écrite sur ce texte : « *l'or est une chimère...* »

Ne serez vous point frappés, Messieurs, comme je le suis en ce moment, de la régularité avec laquelle notre *scherzo* se développe, puisque cette phrase en est le centre ou, pour mieux dire, le *trio ?* (1) — Déjà dans un chœur de la première scène, sur ces mots du livret : « *Non, non! il faut qu'il soit puni...* » :

ce qui est chanté ne serait-il pas à sa vraie place, exécuté

(1) Strictement parlant, cette phrase « de trio » est ici *déplacée*. Elle vient immédiatement après le thème au lieu de venir après son incidente. Mais il serait aisé de remettre les choses en place, et cela sans altérer le morceau.

par un quatuor à cordes? Et l'allure de ce lambeau de symphonie n'est-elle pas exactement celle d'un *scherzo* de Beethoven? Souvenez-vous du *Septuor*.

Je fatiguerais inutilement votre attention, Messieurs, si j'épuisais ma liste de témoignages, si je vous signalais au troisième acte, le début de la scène entre la basse et le mezzo-soprano, — c'est encore un *andante* du type classique, — et la forme que dessine, un peu plus loin, vers le centre de la même scène, la phrase en *si majeur* et qui est encore celle d'un *scherzo*. J'allais oublier le *scherzo* complet qu'est la *Valse infernale* avec, pour *trio*, l'admirable développement majeur. — Meyerbeer sait donc développer? — Par exception. Et c'est le cas de montrer qu'ici, l'exception confirme la règle, puisque, de toutes les parties d'une sonate, d'une symphonie ou d'un quatuor, le *scherzo* est celle où les développements ne se prolongent guère, et qui, par suite, s'accommode d'un souffle court. Et c'est pourquoi les formes de *scherzo* devaient, de préférence à toute autre forme classique, se glisser dans l'opéra de Meyerbeer.

Donc Meyerbeer est décidément bien du pays de Beethoven et de Mozart, surtout peut-être de Mozart. Car, sans reparler du sublime choral du dernier acte et de la dernière scène, vous trouveriez plus d'une analogie curieuse entre l'*Ouverture* de *Robert* et le début de la *Fantaisie en ut mineur* (1). Même allure, même prédominance des teintes sombres; même impression de mystère, même conclusion *majeure*. Et ceci nous amène à deux réflexions générales intéressant, l'une, l'évolution du goût musical français, l'autre, l'évolution psychologique du musicien.

D'abord je voudrais chercher dans quelle mesure les

_____
(1) Dans le recueil des sonates de Mozart pour le piano.

formes musicales de source germanique, empruntées par
Meyerbeer, pouvaient ou devaient populariser en notre pays
l'art des maîtres symphonistes. Après réflexion, et en m'appuyant sur les faits de notre histoire musicale française, je
ne crois aucunement que Meyerbeer nous ait rendu le goût
classique. La majorité des admirateurs de *Robert le Diable*
n'est-elle pas restée fidèle à sa prédilection pour la musique
d'opéra? Cette majorité que les *Huguenots* vont ravir d'enthousiasme, se tiendra à distance des concerts populaires,
crainte d'y bâiller démesurément. En outre, les thèmes de
Meyerbeer ont beau être extraits du fonds classique, autre
est le plaisir causé par l'exposition d'un thème, autre est
l'intérêt produit par son développement. De plus, s'il est
des affinités entre le style des écrivains d'un pays et le goût
des habitants de ce pays, il est naturel que, dans la patrie
d'Auber, le public ne fût point naturellement apte à suivre
le développement d'un thème. Or, n'avons-nous pas dit,
n'avons-nous pas démontré que Meyerbeer ne développe
pas ses thèmes, qu'il a l'invention discontinue, qu'il sait
distribuer, ajuster, mais ne sait pas exploiter une matière
mélodique? Moduler vaut mieux que répéter, moduler dispense de développer, moduler n'en est pas moins une
chose, et développer une autre. D'où résulterait qu'entre
Meyerbeer et le goût français, il y avait harmonie en
quelque sorte préétablie, et qu'il devait nous plaire
presque autant par ses défauts que par ses essentiels mérites.

Notre second problème, auquel, en terminant, il faut
bien que je touche, — ne serait-ce que pour compléter une
pensée que, dans notre dernière leçon, l'approche de l'heure
a réduite à son esquisse, — est relatif à la psychologie du
compositeur et au rôle de la mémoire dans l'invention mu-

sicale. Meyerbeer a répandu dans son œuvre ce que sa
mémoire avait emmagasiné pendant son enfance et sa jeunesse, et en cela il n'a fait que suivre la loi commune. En
quoi donc la mémoire du plagiaire se différencie-t-elle de
la mémoire du créateur? Elle s'en différencie entièrement.
Et, pour essayer de vous le faire comprendre, je vous prierai
d'excuser la trivialité ou plutôt la matérialité de ma comparaison : aussi bien les comparaisons explicatives sont-elles souvent les plus grosses. On a comparé la mémoire à un magasin
d'idées ou d'images : telle serait la mémoire du plagiaire.
Celle de l'inventeur serait plutôt comparable à un engin de
laboratoire, à l'un de ces vastes contenants destinés à la
fermentation des substances. Chez le plagiaire, ce que la
mémoire a emmagasiné y reste pour en sortir reconnaissable. Chez l'inventeur, la mémoire fournit à l'imagination.
Et c'est grâce à l'imagination qu'aussitôt enregistrés, les
souvenirs fermentent : d'où résulte qu'après l'élaboration,
pour qu'ils redeviennent reconnaissables, l'analyse est nécessaire. Cette analyse est l'œuvre du critique, non de l'inventeur qui, lui, invente par une sorte de grâce efficace,
spontanément agissante, et prend pour tombé du ciel ce qui
s'est élaboré dans le creuset de son imagination. De là vient
l'antagonisme de l'art et de la critique. Par là s'expliquent
les colères de l'artiste quand on cherche à lui faire toucher
du doigt les origines humaines de son inspiration soi-
disant céleste. —Le premier homme qui a imaginé le mythe
des Muses avait l'âme d'un artiste; celui qui s'est avisé de
donner Mnémosyne pour mère aux neuf Muses était, j'en
ferais volontiers le pari, un critique doublé d'un psychologue.

SIXIÈME LEÇON

LE STYLE DRAMATIQUE DE *Robert le Diable*.

I. Caractères du style musical dramatique.— II. Examen du chœur d'*Introduction* du premier acte de Robert. — III. Analyse du récitatif du premier acte. — IV. Intérêt dramatique des actes dits « italiens ».

MESSIEURS,

Je ne sais qui a dit, — et il a dit singulièrement juste, — que de toutes les figures de rhétorique, il n'en était pas une qu'un bon professeur ne dût s'interdire, sauf la *répétition*, dont il aurait tort de redouter l'abus. Je crois en effet qu'on n'enseigne qu'à la condition de répéter, pourvu toutefois, qu'en se répétant, on sache renouveler, non point ses idées peut-être, mais ses formules. Et c'est ce que je voudrais essayer de faire, en vous rappelant que les qualités du style de Meyerbeer, dans *Robert le Diable*, auxquelles j'ai dessein de consacrer la présente leçon, et que j'appelle dramatiques, sont, non pas extrinsèques, mais inhérentes à sa musique. Car c'est uniquement de musique que je vous entretiendrai. J'évoquerai, chaque fois qu'il me sera nécessaire, la situation du drame, les mots du texte, le détail du livret. Mais du livret pris en lui-même, de la conception générale dont il dérive, des idées directrices qui l'ont inspiré, qu'aurais-je à vous apprendre ? Chez Wagner, de qui les livrets sont des poèmes, si le mérite littéraire peut être mis en doute (1), le mérite philosophique est indiscutable Et puisque, de l'ensemble de ces poèmes se dégage, non pas seulement une manière de voir les choses, mais presque une façon de juger la vie, on a le droit et, jusqu'à un certain point, l'obligation de s'attacher au fond du sujet, car c'est de ce fond que jaillira la musique, plus encore peut-être que « des paroles ». Meyerbeer, lui, travaille sur des sujets, non pas sans doute mal choisis, mais auxquels manque, si l'on peut ainsi parler, la substance psychologique. Si donc il lui arrive de creuser ces sujets, et de leur donner cet arrière-fond qui leur manque, il y aura double mérite, puisque, au rebours de Wagner, et au lieu de se mouvoir, comme fait l'auteur de la *Tétralogie*, du centre même de son sujet à la circonférence, il lui aura fallu partir de la circonférence pour se diriger vers le centre, vers un centre qu'il n'avait point fixé, qu'il était donc, par suite, incertain d'atteindre.

Ainsi le sujet de *Robert le Diable* ne saurait mériter de nous aucune préface, aucun commentaire psychologique, l'auteur du livret, qui est pourtant Scribe, n'ayant rien voulu écrire d'autre qu'un bon livret d'opéra, de grand opéra, c'est-à-dire, après tout un drame. Imaginez *Lohengrin* sans musique. Où vous semble-t-il que cette pièce dût être représentée ? Vous la jugeriez digne d'une tout autre scène que l'Ambigu ou la Porte-Saint-Martin. Vous souhaiteriez, pour la représenter, des artistes de l'Odéon ou de la Comédie-Française, bref, des artistes capables de jouer, avec émotion, *la Fille de Roland* par exemple. Car, je ne l'ai pas dit, mais nous en sommes convenus tacitement, vous

(1) On peut discuter sur le *degré* de ce mérite. On en contesterait assez difficilement la *réalité*.

et moi, n'est-ce pas Messieurs, qu'un sujet tel que *Lohen-grin* doit être mis en vers et qu'il faut, pour le bien traiter, l'union des dons du poète et des qualités de l'auteur dramatique? Mais de *Robert le Diable* il n'y a rien à extraire qu'un drame en prose. Avec maints remaniements il n'est même pas certain que vous en tiriez un beau drame. Des *Huguenots*, en revanche, il serait aisé d'obtenir, avec du savoir faire et du talent, quelque chose d'analogue à *Patrie*.

Et, puisque la suite de nos idées, ou plutôt peut-être les hasards de notre entretien, nous font ressouvenir du très beau drame de Victorien Sardou, si je vous priais de comparer le style de Sardou, dans *Patrie*, au style de Victor Hugo dans *les Burgraves* (1), par exemple, je vous ferais constater des résultats analogues à ceux que produirait, je l'espère, la comparaison du style de Meyerbeer, dans *Robert le Diable*, avec le style de Rossini dans son *Guillaume Tell*.

Le langage de Dolorès, dans *Patrie*, est irréprochable d'accent, de vérité, de cruauté implacable et inconsciente. Quand elle s'avoue criminelle, on sent qu'elle parle selon l'opinion courante, car elle n'a pas eu à braver une opinion qui jamais ne fut la sienne. C'est bien ainsi que parlerait toute autre femme, agitée par les mêmes sentiments que Dolorès. C'est qu'aussi bien Dolorès n'est pas un véritable nom propre. Ce personnage est une application vivante des lois les plus ordinaires de la passion. Mais il n'a rien qui le distingue des autres femmes que la passion gouverne. Bien différentes sont les héroïnes des *Burgraves*. Elles ne parlent pas seulement le langage approprié à la situation, aux émotions qui les remplissent. Elles parlent en poètes.

(1) Pourquoi l'on a choisi *les Burgraves*, le lecteur, sans doute, l'a deviné. C'est parce que ce drame, le plus dramatiquement insipide du poète, surpasse tous les autres par les qualités de l'invention poétique.

7.

Et cela, parce que l'auteur du drame est un grand écrivain, un grand poëte, créateur de sa propre langue. Et, pour cette raison même, les drames en prose de V. Hugo sont inférieurs au drame de *Patrie*. Les dialogues ont des longueurs. Le style y a plus d'agitation et moins de mouvement véritable que chez Sardou. Mais supprimez le drame, il reste chez Victor Hugo le style ; si, de *Patrie*, vous supprimez le drame, que reste-t-il à quoi l'on reconnaisse un auteur de véritable race ? Assurément rien.

Dans *Guillaume*, dans *la Semiramide*, faites abstraction du drame : il vous restera la musique de Rossini. Et cette musique charme. Et cette musique ravit sans étonner. Car, avant qu'une phrase commence, on attend que la précédente ait achevé son cours. Mais, chez l'auteur de *Robert le Diable*, quand vous avez fait abstraction du sujet, je ne dis point que la musique vous en paraisse obscure ; je dis que l'incohérence vous en étonne. Et pourtant vous n'êtes pas sûr qu'elle soit un défaut. Car, si vous y prenez garde, vous vous apercevez qu'elle est la condition expresse de la vie des thèmes. — Ainsi l'incohérence, qui est partout ailleurs un défaut, et l'on peut aller jusqu'à dire un vice rédhibitoire, deviendrait une qualité dans la musique d'opéra ? — Tel est notre avis. Et cet avis, Messieurs, encore que tous vous n'en ayez pas conscience, est aussi le vôtre, et il l'est depuis longtemps.

I

D'abord le genre opéra est un genre mixte, où la musique peut être prépondérante, où elle ne l'est pas nécessairement. Encore faut-il s'expliquer sur cette prépondérance éventuelle. Si vous n'établissez aucune différence entre la mu-

sique d'opéra et la musique de concert, il est bien évident
que le musicien n'aura qu'à laisser courir sa plume sans se
préoccuper d'autre chose que du succès. Mais il devient
aussitôt évident qu'il n'y aura plus d'opéra. Au lieu de chanter : « *Oui, Lindor a su me plaire* », on pourra tout aussi bien
chanter : *fa sol la fa si sol do*, etc. Que si, au contraire, vous
acceptez les lois du genre, vous acceptez aussitôt, non pas,
sans doute, de sacrifier la musique aux paroles, — puisque
c'est par la musique, surtout, que l'attention de l'auditeur
sera accaparée, — mais de subordonner les caprices de l'inspiration aux exigences du sujet. Il faudra, dès lors, qu'aux
changements dans la situation correspondent des changements dans la musique. Il sera interdit au musicien de développer une phrase quand la phrase aura cessé de convenir.
Supposez une âme sereine et sage traversée par un mouvement de colère. Ou bien la musique y sera de trop, ou bien
elle devra non pas, peut-être, exprimer cette colère, si elle
manque des moyens pour les rendre, mais, du moins,
avertir l'auditeur d'un changement survenu dans l'intérieur
de cette âme. Dès lors, il faudra que tout change, et la
succession mélodique, et le mouvement, et le rythme. Si
vous n'écoutez que le musicien, vous vous étonnerez du
défaut de suite dans la phrase. Si vous regardez sur la scène,
vous ne vous étonnerez plus, vous approuverez, vous
applaudirez. Non seulement l'incohérence vous échappera, —
je me trompe, elle ne vous échappera point, — mais, au lieu
d'y voir un manque de suite dans les idées, vous y verrez
tout le contraire. C'est que, cessant d'être appliquée aux
insuffisances de la suite musicale, votre attention se sera
concentrée sur les exigences de la logique dramatique. Et
vous louerez le musicien de s'y être conformé. Dès lors,
vous en avez maintenant la preuve, il faut que la musique,

dans l'opéra, se subordonne au drame, et que le musicien, toutes les fois que la situation le comporte, se résigne à rompre la continuité de sa mélodie.

— Chez Mozart (1), me répliquerez-vous, la mélodie se développe jusqu'à son terme, et le drame, j'entends le drame musical, n'y perd rien. — Au dire de Gounod, Mozart aurait respecté, jusqu'au moindre détail, le texte du librettiste. J'en serais, pour ma part, moins assuré que Gounod. Mais qu'importe si le genre traité par Mozart laissait à la mélodie une liberté de développement compatible avec les exigences du drame ? N'oublions pas ce qu'est *Don Juan* et qu'entre l'*opera giocoso* qu'est *Don Juan*, et *Robert le Diable*, la différence est très comparable à celle qui sépare le *Don Juan* de Molière, par exemple, d'un drame d'Alexandre Dumas et d'Auguste Maquet, où le dialogue (2) est semé d'incidents, où presque à chaque réplique correspond un mouvement d'âme.

II

J'ouvre, en effet, *Robert le Diable* (3). Nous sommes au premier acte, scène première. Lisons le texte :

« *Voici quelques jongleurs, de joyeux pèlerins — qui, si*
« *vous le voulez, pourraient, par leurs refrains, — égayer le*
« *repas de votre seigneurie. — Ils arrivent de France et de*
« *la Normandie.* »

(1) Dans *Don Juan*.

(2) Dans *Don Juan*, il y a place pour des airs parce qu'il ne se trouve point, si ce n'est exceptionnellement, des dialogues. Les « tirades » y dominent. Chaque personnage ne se contente point de « dire » ; il croit devoir « développer ».

(3) P. 21 de l'édition *piano et chant*, publiée chez Brandus. Le format en est in-8. *La date de l'édition n'est pas mentionnée.* Ce passage ayant été transcrit dans la leçon précédente, nous y renvoyons le lecteur (v. p. 100).

Robert réplique : « *Quoi de la Normandie !* » Bertram intervient et commente : « *Votre ingrate patrie !* » Il est manifestement impossible d'essayer de ce texte une traduction musicale, à moins de recourir à trois périodes distinctes et, par suite, d'interrompre la mélodie. Ainsi fait notre compositeur. Il dessine tout d'abord une phrase légère, sinon gracieuse, bien courante et d'humeur gaie. Il l'interrompt quand Robert parle. Et la raison est que le mot *Normandie*, le dernier de la phrase, est le seul qui maintenant l'occupe. Robert, en cet instant, ne se soucie ni des jongleurs ni de leurs égayants refrains. Bertram survient, et dans l'orchestre les cors font une descente chromatique. Le spectateur a compris : l'âme ténébreuse du chevalier Bertram s'est laissé pressentir. Et la phrase insouciante reprend. Ce qui veut dire qu'un nuage avait passé sur le front de Robert et que maintenant il n'en reste plus trace.

La musique est ici, à l'égal du dialogue, rapide en ses évolutions. Point de mélodies proprement dites, mais de simples thèmes dont la durée est proportionnée, si j'ose dire, à celle des sentiments ou émotions exprimés ou « impliqués ». Et Meyerbeer s'y montre extraordinairement habile, lui qui ne sait pas développer, car ici développer serait une faute. Tel un poète d'haleine courte s'essaierait avec succès dans le genre dont Boileau eut l'indulgence d'écrire que les plus parfaits échantillons valaient « un long poème ». Il est vrai que Boileau n'a nullement écrit « un parfait poème » ; mais le vers aurait eu un pied de trop.

Observez en outre, Messieurs, que cette page, très intéressante pour l'auditeur qui sait regarder en écoutant et ne perdre jamais de vue les jeux de scène, n'est pas, tant s'en faut, indigne de l'attention du musicien. La musique de Meyerbeer, ou plutôt la nature de son talent, le prédispose

au drame : par ses défauts d'abord, et nous venons d'en
donner un exemple ; par ses qualités ensuite, oui, par les qualités de sa musique (1). Très vivante cette musique, non pas
vivante à la manière d'Auber, moins élégante, moins rapide,
mais plus emportée, plus animée au sens propre du terme. La
musique d'Auber est très scénique. Elle empêche les gens de
rester en place. La musique d'Auber n'est pas dramatique,
ce qu'est la musique de Meyerbeer. Alors qu'on ignore quel
drame se passe sur la scène, nul ne saurait douter qu'il ne
s'y passe un drame, qu'il n'y ait un conflit, soit entre plusieurs
personnages, soit entre plusieurs sentiments d'un même personnage. Ainsi notre phrase d'orchestre est chassée du ton
de *fa* dans le ton de *ré majeur*, par la réflexion de Bertram (2), comme si elle en retenait quelque chose, comme
si elle la reflétait. Voilà une qualité essentiellement dramatique. Elle consiste dans l'art de répéter une phrase, mais
de telle façon qu'elle subisse l'influence des phrases antécé-
dentes, et que l'auditeur s'en aperçoive, grâce à un changement quelconque survenu dans l'un de ses éléments, ton,
mode, mouvement ou rythme. C'est pourquoi la modulation
joue un si grand rôle chez Meyerbeer. Et c'est par où ses « reprises » évitent l'inconvénient ordinaire des « répétitions. »

Il y a plus : chez Meyerbeer la modulation anoblit. D'une
phrase roturière elle fait presque une phrase noble. Ecou-
tez ce que devient le chanson du « roi de Normandie »
quand elle descend de la voix du second ténor aux cors
de l'orchestre. Weber ici contresignerait. En sorte que

_____

(1) Nous y avons touché dans la dernière leçon. Mais l'occasion s'of-
frait de montrer le surcroît de valeur que prend la musique de Meyerbeer quand elle est replacée dans son cadre, même dans les rares
endroits où elle souffre d'en être détachée.

(2) « Votre ingrate patrie. »

l'inaptitude au développement n'est pas le seul défaut
dont notre auteur ait profité. Il a même tiré parti de sa
tendance à l'invention des formes triviales. Cela encore
est digne de toute notre attention.

Oui, certes, trivial est le premier thème des buveurs ; triviale est la phrase qui lui succède ; trivial est encore le mouvement en 6/8 correspondant à ces paroles : « *Et que
l'ivresse amène l'oubli des soins fâcheux.* » Et nous, nous
constatons à notre tour que la parfaite accommodation de
la musique au drame « amène » l'oubli de ses vulgarités :

L'attention aisément s'en détourne, accaparée qu'elle est
par le déchaînement des chœurs et de tout l'orchestre con-
jurés. « Voyez, s'écrie Balzac dans son *Gambara*, voyez
« comme cet Allemand manie les accords et par quelles
« savantes modulations il fait passer l'épouvante pour arri-
« ver à la dominante d'*ut!* J'entends l'enfer. La toile se
« lève. Que vois-je ? Le seul spectacle auquel nous don-
« nions le nom d'infernal, une orgie de chevaliers en Sicile.
« Voilà dans ce chœur en *fa* toutes les passions humaines
« déchaînées par un allegro bachique. Tous les fils par
« lesquels le diable nous mène se remuent! Voilà bien l'es-
« pèce de joie qui saisit les hommes quand ils dansent sur
« un abîme. Ils se donnent eux-mêmes le vertige. Quel mou-
« vement dans ce chœur! » Et j'ajouterai : « Quel enthousiasme chez l'interprète! » L'exactitude du commentaire
bientôt va s'en ressentir : « Sur ce chœur la réalité de la
« vie, la vie naïve et bourgeoise se détache en *sol* mineur
« par un chant plein de simplicité, celui de Raimbaut. Il
« me rafraîchit un moment l'âme, ce bonhomme qui ex-

« prime la verte et plantureuse Normandie en venant la
« rappeler à Robert au milieu de l'ivresse. Ainsi la douceur
« de la patrie aimée nuance d'un filet brillant ce sombre
« début. Puis vient cette *merveilleuse* ballade... » Agréable
peut-être, et encore cela dépend-il des goûts. Mais rien n'y
est merveilleux si ce n'est l'art avec lequel le musicien en
a caché la misère mélodique. Je louerai encore, si Balzac y
tient, le chœur qui sert de refrain — il est d'une bonne couleur
et d'un bon rythme — puis le reflet de ce même refrain dans
le second thème de la ballade, dont l'accent passe de l'insouciance à l'effroi. Enfin je n'aurai garde d'oublier la phrase de
Raimbaut : « *Je vous dirai — l'histoire épouvantable —
de notre jeune duc — de ce Robert le Diable.* »

Remarquez cette double descente. La phrase reprend
haleine, comme si la respiration avait manqué pour cause
d'épouvante. Et c'est là ce que Balzac juge « rafraîchissant ! »

Je vous di-rai l'his-toire é-pou-van-ta-ble de no-tre jeu-ne Duc

Raimbaut est le personnage comique du drame : Meyerbeer en a joliment souligné la poltronnerie. Quand il demande grâce, il fait songer à Leporello, ce valet de *Don Juan*
dont le nom est synonyme de couardise. Il suffit en effet
d'une simple phrase dans l'orchestre pour apparenter nos
deux personnages. Ici, chez Meyerbeer, des triolets, c'est-à-
dire une descente en spirale :

Là, chez Mozart, deux mouvements en sens contraire,
une descente suivie d'une ascension :

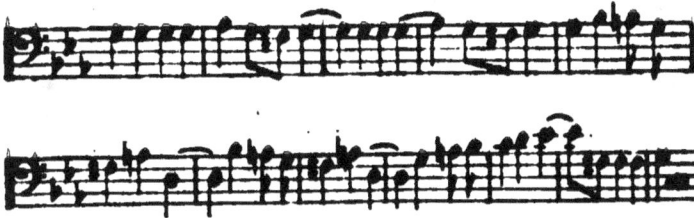

Il y a, par suite, plus de supplication chez Leporello, très rusé malgré qu'il ait peur, et chez Raimbaut, plus de poltronnerie. Mais les deux phrases ont une expression comiquement plaintive. Et c'est pourquoi, sans doute, elles se sont associées dans mon souvenir.

Vous ferai-je encore observer, Messieurs, que la phrase par laquelle l'orchestre nous a dit l'effroi de Raimbaut va bientôt reparaître quand Robert, faisant à Raimbaut grâce de la vie, ordonnera qu'on lui amène la « gentille Alice ».

Le dessin de la phrase est resté ; mais la couleur, et par suite l'expression n'en est la plus la même. Raimbaut a cessé de trembler. Cela, c'est l'orchestre qui nous le dit.... Et bientôt les chevaliers auront cessé de boire.

Je vous avais laissé pressentir, dans notre dernier entretien, les richesses dramatiques de cette *Introduction*. Je ne saurais en épuiser ni l'énumération ni l'analyse. Ces pages ont eu beau vieillir, quand on sait oublier, pour un instant, les œuvres qui ont suivi *Robert le Diable* et ne le comparer qu'à celles dont cet opéra est venu prendre la suite, on fait plus que comprendre l'admiration exaltée des contemporains ; on est bien près de la partager soi-même. Si, en effet, l'heureux interprète musical du drame soidisant romantique de Scribe n'a pas inventé les matériaux de ses compositions, — nous en savons les sources, — il en a inventé la distribution. Qu'il ait eu des prédécesseurs de l'art de grouper, comme en un tableau, les parties multiples d'un vaste ensemble, de les unifier dans leur diversité et jusque dans leurs contrastes, je n'y contredis point. J'admire, je vous ai conviés à admirer le tableau musical du premier acte de *Guillaume Tell*. Et, si je ne vous ai point dit, à cette occasion, que Meyerbeer n'en eût jamais dessiné la musique, je n'ai jamais cessé de le penser. Dessiner est une chose, composer en est une autre. Et c'est à composer que Meyerbeer excelle. Les « tableaux pittoresques » de Rossini sont remplacés, au premier acte de *Robert*, par deux « tableaux dramatiques », et dont il serait presque exact de soutenir que, dans l'un, le personnage principal est l'*Ivresse*; dans l'autre, il est *le Jeu*. Et ce sont de vrais tableaux d'opéra : vivants et mouvants. Mais ce n'est point assez que de le reconnaître. Ces tableaux sont dramatiques, puisque la succession des détails y coïncide avec les progrès de l'action. Je n'oserai prétendre que tout le mérite doive être attribué au musicien. Le librettiste en gardera sa part. Il a joué son rôle de cause occasionnelle, et il l'a bien joué. Mieux encore le musicien a su remplir sa fonction de cause efficiente. Il a su, si l'on peut ainsi dire, pénétrer les dessous de l'action, en faire mouvoir les ressorts intérieurs. Et, comme il a soigneusement gradué, d'une scène à l'autre, les progrès de l'influence diabolique ! Ainsi les deux tableaux se complètent. Et ils se correspondent. Mêmes dimensions données au cadre, même agencement des parties, même gravitation des thèmes autour d'un thème central : ici, dans le *Final*, la *Sicilienne;* là, dans l'*Introduction*, le motif des buveurs.

Reconnaître que deux tableaux se font pendant l'un à l'autre, c'est assez généralement sous-entendre la supériorité du premier. Celui-ci est le modèle : celui-là, sans en être la copie, s'efforce de lui ressembler le plus possible.

Même dans l'ordre des beaux-arts, les lois de la symétrie
ne sauraient, sous peine d'abdiquer, se départir de toute
rigueur géométrique. Donc le *final* du premier acte de *Robert* sera calqué sur l'*Introduction* : les thèmes y auront
même allure et, si possible, encore plus d'entrain. Et ils
resteront tous, si l'on peut ainsi dire, dans la même sphère
d'attraction, faisant cortège à la *Sicilienne*, de manière à en
rappeler soit le dessin, soit le rythme. Mais comment obtenir ces effets de contraste, sans lesquels les phrases
musicales, au lieu de se mouvoir d'un mouvement véritable,
s'agiteraient inutilement? En donnant une expression d'insouciance aux unes, et aux autres d'ardeur fiévreuse.
Avant la partie, ce sera la fièvre du gain ; après, si l'on
a perdu, ce sera l'irritation contre la mauvaise fortune, ou,
si l'on est beau joueur, la perte presque gaiement accep-
tée. Et Bertram voudra que Robert soit vaincu. Et il lui
prêchera l'insouciance. Telle était la scène à faire. Il ne lui
a manqué, pour être réussie de tout point, que les bonnes
fortunes d'invention... ou de réinvention. — Le souffle y
manque, et le bavardage s'y laisse glisser. — L'esprit du
moins ne manque pas. Souvenez-vous des traits de flûte,
préludant au motif de la *Sicilienne;* souvenez-vous encore
du passage où, quand les dés roulent et tombent, l'orchestre fait entendre une gamme chromatique ascendante,
suivie d'une descente ou plutôt d'une chute de trois croches.

— Si c'est là de l'esprit, ce n'en est toujours pas du meilleur. Et décidément, et à aucun titre, ce n'en saurait être. C'est de l'enfantillage ni plus ni moins. L'opéra bouffe s'en accommoderait peut-être, non le grand opéra. Nous souhaiterions qu'un musicien tel que Meyerbeer, se fût tenu à l'abri du reproche, et que de recourir aux harmonies imitatives ne lui eût point porté malheur. — Beethoven a été plus heureux dans la *Pastorale*, et Rossini, dans *Guillaume Tell*, n'a pas eu à se plaindre d'avoir imité les bruits de la nature. — D'abord les bruits de la nature, qui sont presque ses voix, ne veulent pas être confondus avec des bruits de choses. Ensuite la *Pastorale* et l'ouverture de *Guillaume Tell*, appartiennent l'une et l'autre au genre symphonique. Là, si le compositeur veut suggérer des images visuelles ou de toute autre espèce, il a besoin du son musical pour y parvenir. Ici, rien de tel. L'orchestre n'a pas à nous apprendre de quoi il est question, puisque nous sommes au théâtre et que nos yeux nous en instruisent... et aussi nos oreilles. Car la chute des croches ne nous empêche pas d'entendre le bruit qu'en tombant font les dés. C'est donc là de l'imitation en pure perte et de l'inutile parodie. A multiplier les exemples de ce genre, un musicien passerait vite pour manquer de goût.

Je serais plus indulgent à l'égard de la *Sicilienne*. Même il ne me déplaît pas que les notes les plus hautes du plus aigu des instruments de l'orchestre glissent aussi précipitamment les unes sur les autres. C'est que leur destination n'est d'imiter aucun bruit; c'est qu'il n'y a point ici d'imitation proprement dite. Ces notes, dont on dirait qu'elles vont se perdre au plus haut de l'espace, ne vous donnent-elles pas, Messieurs, une impression... d'*alea jacta est?* Et chaque fois que notre parole intérieure prononce ces trois mots, ne nous semble-t-il pas aussi qu'un geste de notre main s'ébauche, comme si nous voulions jeter sans rattraper ?

J'explique, je donne des raisons. Mais je n'approuve ni surtout je n'admire. Les prétendues beautés de ce *Final* n'auraient fait impression sur personne, sans les beautés de l'*Introduction* qui viennent s'y réfléchir... et s'y ternir.

III

Nul plus que Meyerbeer, Messieurs, et la preuve en est déjà plus que faite, n'excella dans l'administration de ses qualités. Il a généralement réussi dans les grandes scènes d'ensemble où il a su « faire parler le peuple », autrement dit, assigner au chœur une importance souveraine. Il devait réussir dans le récitatif. Et ses défauts l'y prédestinaient, puisqu'il avait le souffle court et qu'il ne savait point développer.

Le premier acte de *Robert*, où il est tant de pages mémorables, en contient huit remplies par un récitatif. Et l'on affirmerait que Meyerbeer en a renouvelé le genre... si l'on ne se souvenait de la magnifique entrée en scène de Mathilde, au second acte de *Guillaume Tell*. Ceci soit dit pour vous rappeler, Messieurs, l'importance historique du grand opéra de Rossini, non pour ôter à l'originalité du beau récitatif de *Robert*, lequel est, presque de tout point, un chef-d'œuvre. Il l'est, et par le choix des radicaux de mélodies qui s'y donnent la réplique, et par l'heureuse appropriation des rythmes. C'est ainsi qu'après les *tremolo* d'usage, pour soutenir la voix chantante alors qu'elle se rapproche le plus de la voix parlante, Robert, dans

un allegro en 6/8, raconte sa vie sauvée par Bertram, sa
victoire soudaine, mais payée de son bonheur. Sur ces mots :
« *Je lui dus la victoire* », les cuivres éclatent ainsi qu'ils
éclateront à l'acte troisième, au moment des « *Chevaliers de
ma patrie* ». Puis, sur ces mots : « *Et perdis le bonheur* » :

Je lui dus la vic-toi-re   et per-dis le bon-heur

tout change, et le mode de la phrase qui devient mineur, et sa direction qui devient « descendante », et le
rythme, et l'allure. Cette pause sur le *si bémol* du ton de
ré mineur n'a pas échappé aux justes louanges de la critique. Et non plus ne leur devait échapper la réplique
d'Alice à Robert :

L'es-prit vient ai-sé-ment quand on sert ceux qu'on ai - me

On serait bien près de la juger provocante, cette réplique,
si l'on ne se souvenait « qu'un même lait les a nourris
tous deux ». Bertram lui-même, qui devrait tout savoir,
puisqu'il est le Diable, Bertram s'y trompe. Car Bertram
a paru, annoncé par les cors, sur l'air de la ballade...
A-t-il assez perdu, cet air, de sa naïveté de complainte ! Et
comme il suffit de changer d'instrument pour métamorphoser
en son presque contraire l'expression d'un thème ! Nous ne
voudrions pas quitter ce récitatif sans parler du dialogue
entre Robert et Bertram. Robert avoue que deux penchants
le combattent : les violoncelles lui répondent par une phrase
intentionnellement interrompue, toujours modulée, jamais
achevée. Pourquoi? Afin qu'elle corresponde à la situation
morale du héros, situation faite de contrastes, qui perpé-

tuellement oscille sans jamais se définir. Aussi bien, en
même temps que Robert se décrit, il s'examine et s'interroge.
D'où le caractère interrogatif de ce fragment de thème, qui
se repose sur la dominante au lieu de se terminer sur la
tonique...

Je ne voudrais point m'attarder plus que de raison sur ce
récitatif. Néanmoins ce que je loue et entends louer chez
Wagner, dans son *Lohengrin*, n'y aurait-il pas excès de
snobisme à ne le point noter dans *Robert le Diable?* Vous
avez tous admiré qu'au troisième acte de *Lohengrin*, au
moment de l'arrivée d'Elsa, son thème d'espérance s'assombrit et revêt une expression contraire à son expression
primitive, par la transformation du mode majeur en mineur.
Et pour vous prouver, Messieurs, qu'il n'y a rien à rabattre
de cette admiration, je vous ferai observer l'art du musicien
qui, au lieu d'assombrir toute la phrase, n'en a « obscurci »
que la terminaison. Meyerbeer n'aurait point eu de ces
délicatesses. Mais enfin il a deviné ce qu'il y avait à faire
dans ce récitatif, et qu'au moment où Alice voit Bertram apparaître, il convenait de rappeller la ballade en lui ôtant sa
légèreté et sa presque nonchalance... Et, à ce propos, ne
serait-ce point le moment d'atténuer nos sévérités de tout
à l'heure et de réhabiliter cette pauvre ballade ? — Jusqu'à
la dire merveilleuse et donner ainsi raison à Balzac ? —
Point; mais jusqu'à noter l'expression d'indifférence, de
laisser-aller de la phrase musicale, dont les notes tombent où
elles peuvent, c'est-à-dire sur les parties de l'échelle musicale
les plus propres à les recevoir. Cette expression forme avec
celle des phrases qui vont suivre le plus saisissant et le
plus dramatique des contrastes. Allons jusqu'au bout de
notre pensée. Observons l'habileté de l'écrivain qui, par un
changement de mode et de timbres, sait varier, jusqu'à la mé-

tamorphoser, l'expression d'un même thème. Et, quand nous réentendrons une dernière fois ce thème, au cinquième acte, au moment des révélations suprêmes, quand il reparaîtra dans l'orchestre au moment où Bertram avouera tout à Robert, et que la chanson du trouvère de Normandie était non de la légende mais de l'histoire, il faudra décidément que nous ayons le courage et la justice d'appeler cette phrase de son nom, à savoir du nom de *motif conducteur* (1).

IV

Il me reste juste assez de temps, non pour commencer l'analyse du troisième acte de *Robert*, — elle est inséparable d'une autre analyse, celle du personnage de Bertram, et nous comptons y consacrer notre prochaine leçon, — mais pour absoudre, en partie, Meyerbeer des deux actes les plus médiocres qu'il se soit jamais laissé aller à écrire, même sans en excepter le troisième acte de l'*Africaine*, d'ailleurs plus vide que faible (2). Le second et le quatrième acte de *Robert le Diable* ne sont pas vides. Les morceaux y ont une longueur plus que raisonnable. Écrits avec plus d'élégance et d'une main plus légère, ils formeraient, avec ceux des trois autres actes, le plus attachant des contrastes. Mais les phrases musicales y sont laborieuses. Et, comme les qualités de mouvement et de force

---

(1) Il y a lieu, je le sais, de ne pas confondre le motif conducteur et le « motif rappelé ». Les cinquièmes actes de *Faust* et de *Roméo et Juliette* sont remplis de motifs rappelés mais qui, dénués, ou peu s'en faut, de toute fonction psychologique, ne sauraient être rapprochés du *leitmotic*.

(2) N'oublions pas que l'*Africaine* est une œuvre posthume. Nous ne savons pas ce que Meyerbeer vivant eût fait de ce troisième acte.

y sont moins apparentes, l'auditeur s'impatiente, et le lecteur saute les pages. Cette fois encore, soyez bien persuadés, Messieurs, que-je ne me fais aucune illusion sur ces défauts et que je les tiens pour irréparables. J'entends que dans l'avenir, si *Robert* regagne une partie de la faveur dont il est privé au moment où je parle, et contre toute justice, personne n'essaiera de citer comme des modèles de style ni l'air : « *En vain j'espère — un sort prospère* », ni celui de la « *trompette qui vient de retentir* » (cependant que l'orchestre continue de la faire résonner) ; ni même *l'air de Grâce*.

J'ose penser, néanmoins, qu'au nombre de ces morceaux musicalement déplorables, il s'en trouve dont le sauvetage partiel ne serait pas impossible, et que, par égard pour la situation dramatique, on pourrait juger dignes d'une demi-absolution. J'abandonnerais volontiers à ses accusateurs le grand air d'Isabelle. Mais je réclamerais en faveur du duo d'amour, qu'aujourd'hui personne ne chante, et que les directeurs de théâtre ont mis trop d'empressement à supprimer. — Comme duo d'amour, il est insipide. — D'accord :

(Robert) A - vec bon-té voy - ez   ma pei - ne

et   mes re-mords (Isabelle) et   vos re -mords

Mais ce n'est pas un « duo d'amour » au sens ordinaire du mot. Isabelle et Robert échangent des propos galants et marivaudent en musique. Isabelle — ainsi que le livret l'exige — « doit parodier l'accent de Robert avec un peu d'iro-nie ». L'indication est à retenir. Ce « duo », pour être bien

rendu, veut être chanté avec finesse. Et qui le chanterait
« avec âme » en fausserait le caractère. Relisez, maintenant
que vous savez comment il faut lire. N'est-ce pas que ces
triolets prennent un sens? N'est-ce pas que la figure de
rhétorique musicale connue sous le nom d'*imitation* serait
rarement à sa place mieux qu'elle n'est ici ? — Et, pour le
dire en passant, gardez-vous de penser que cette page est
écrite à l'italienne : ne reconnaissez-vous pas, à la quatrième mesure, une cadence chère à Mozart?

Puisque je suis en veine de réhabilitation, ne devrais-je
pas, Messieurs, essayer de rendre à « *l'air de Grâce* » un
peu de son ancien renom? — Mais est-elle assez détestable,
la phrase, je devrais plutôt dire la strophe en *fa majeur !* Et
l'accompagnement de harpe y est-il assez déplacé! Meyerbeer, lui-même, a rarement dessiné d'une main plus incertaine et plus lourde. — J'en conviens. Il serait difficile, con-
venez-en à votre tour, de trouver un meilleur exorde : et
c'était, pour le hautbois, le moment d'exhaler sa plainte.
Prêtez maintenant l'oreille aux inflexions câlines de la
phrase en *si bémol.* Observez enfin que la musique suit,
serre de très près le texte. En France, où l'habitude s'est
laissée prendre de chanter sans articuler, le public, le connaisseur même se désintéresse des paroles ; et vraiment, ici
rien de plus légitime. Pour savoir ce dont il s'agit, il
n'est besoin que de musique et de gestes, puisqu'à chacun
des moments de la situation correspond une période musicale distincte et fort bien appropriée. L'accablement,
« l'effroi » ; la tendresse câline et encore l'effroi ; l'angoisse ;
puis enfin l'épouvante. Le librettiste a bien « divisé » la
scène. Il en a étiqueté, si l'on peut ainsi dire, chacune
des divisions. Restait à les remplir et, sous chacun de ces
vers ineptes et véritablement inertes, à faire circuler le

mouvement et la vie. Meyerbeer ne s'en est pas fait faute. Sa psychologie musicale a beau être imprégnée de physiologie, en être saturée même, puisque de la crise d'âme, il n'a su exprimer que le retentissement physique, on doit lui savoir gré de cet effort vers la vraisemblance. Si c'est là un mérite qui ne tient pas lieu des autres, et ne mène point à l'immortalité, du moins il improvise la popularité, il crée entre l'artiste et le public un courant de sympathie. Les affiches de nos grands théâtres de province attestent que cette sympathie dure encore.

Vous êtes maintenant, Messieurs, en état de comprendre les raisons du grand succès de *Robert le Diable*, et pourquoi cette œuvre, ayant fait l'admiration du public français, a plus que trouvé grâce devant la critique. En effet, quand un opéra est mis en cause, c'est-à-dire une œuvre de théâtre, on doit, pour le juger, tenir compte de la complexité des éléments qu'il s'agissait d'agencer et de fondre, de l'intérêt du sujet, de la fécondité musicale des situations dramatiques, et enfin, et presque par-dessus tout (1), des qualités dramatiques du musicien. Celles-ci, Meyerbeer les avait acquises, et il s'en était rendu maître. Au rebours de Rossini, né improvisateur et qui n'a su discipliner son génie qu'à la condition de le stériliser désormais, Meyerbeer produisait dans l'effort. Il n'inventait qu'après réflexion. Et c'est pourquoi la lenteur de son imagination d'une part, et, de l'autre, le don de savoir améliorer, à force de refaire, ses qualités et en-

(1) Je dis *presque*, car il s'en faut que ce soit une chose jugée. Il s'en faut que le mérite de la forme musicale, même éminent, suffise à immortaliser une œuvre musicale de théâtre. Si dans le *Don Juan* de Mozart et dans *les Noces de Figaro*, la *vérité* ne s'associait à la beauté, et ne s'y associait dans une large mesure, ces deux opéras trouveraient-ils encore, je ne dis pas des lecteurs, mais des spectateurs ?

core plus ses défauts, ont aidé à sa réputation. Oserai-je
dire : à sa gloire ? Je voudrais, Messieurs, m'en faire
reconnaître le droit. Et j'espère avoir raison de vos résistances quand j'aurai ramené votre attention sur les beautés
non pas impérissables, — rien ne l'est de ce qui est humain,
— mais durables, du rôle de Bertram.

SEPTIÈME LEÇON

LE DÉVELOPPEMENT DU TYPE MUSICAL DE BERTRAM DANS « ROBERT LE DIABLE »

I. Idée de ce qu'est un « personnage musical ». — II. Le personnage de Bertram *annoncé* par l'Ouverture. — III. Le personnage de Bertram, au troisième acte, représenté dans la double attitude (*a*) du tentateur, (*b*) de l'ange déchu animé de sentiments humains. — IV. Le personnage de Bertram sous l'aspect du « roi des enfers » : l'*Evocation*. Conclusion sur *Robert le Diable*.

MESSIEURS,

Le personnage de Bertram est vraiment le seul « type musical » de *Robert le Diable*. Et, puisque c'est de ce personnage que j'ai dessein de vous entretenir, je voudrais, tout d'abord, justifier ce dessein. Je n'aurai pour cela qu'à vous montrer, — la chose sera courte et facile, — l'insignifiance relative des autres personnages, je devrais dire des autres « rôles ». Certes, le compositeur a soigné la *distribution* de l'opéra ; il a égalisé l'étendue des rôles ; il a multiplié, pour chaque artiste, les occasions de déployer son talent. Mais « un rôle » n'est pas nécessairement le rôle d'un « personnage ».

I

Qu'est-ce donc qu'un « personnage », j'entends un personnage d'opéra ? On n'en saurait d'avance essayer une défi-

8.

nition complète. Nous ne saurons, en effet, tout ce que ce nom de « personnage » implique, que si nous nous résignons à l'apprendre à mesure. Pour donner à une formule ou même à un simple substantif toute la précision et la plénitude de sens désirables, il faut qu'à l'appel de ce nom une multiplicité d'exemples surgissent de la mémoire. Et les logiciens vous diraient que l'on n'arrive à la *compréhension* d'un genre ou d'une espèce que par la comparaison successive et souvent laborieuse des individus. Or, jusqu'à aujourd'hui, quels exemplaires du personnage musical avons-nous rencontrés chemin faisant ? Aucun. Ni dans la *Muette*, — cela va presque sans dire, — ni même dans *Guillaume Tell*, à aucun rôle le nom de « personnage musical » ne saurait convenir. Dans la *Muette*, la musique, ou peu s'en faut, se passe de psychologie. La psychologie musicale de *Guillaume Tell* s'applique à des situations morales, non à des caractères. La Mathilde de *Sombres forêts*, et du récitatif qui précède, n'a que la voix de commune avec celle du « duo d'amour ». En d'autres termes, et à ne consulter que le texte musical, — je n'en veux point connaître d'autre, — la qualité de son amour est, dans la hiérarchie des émotions, inférieure, et de plusieurs degrés, à celle de sa mélancolie. Quant à la personnalité musicale de Guillaume Tell, elle ne tarde pas à se fondre dans la personnalité collective du chœur.

A ce point de vue encore, et en dépit de la supériorité, chez Rossini, des formes musicales, *Robert le Diable* atteste sur *Guillaume Tell* un évident et sérieux progrès. D'abord les rôles sont plus développés et, dans le détail, plus étudiés. La musique répond presque toujours aux exigences des situations morales. Et elle y répond d'assez près pour raccourcir la distance d'un simple rôle à un véritable type. Toutefois, Bertram excepté, même dans *Robert*, la distance subsiste. Isabelle, par exemple, n'a ni cœur ni âme : elle ne sait pas aimer, puisqu'elle marivaude. Elle ne sait que trembler ou d'inquiétude ou « d'effroi » Robert non plus n'a rien de vivant, ou du moins il ne sait vivre que d'une vie extérieure. En dépit du mouvement qu'il se donne, jamais il ne se montre à nous véritablement ému. Souvenez-vous donc qu'au troisième acte, pour le faire toucher au rameau magique, il faudra que toute la diablerie s'en mêle ! Et ses colères, du quatrième acte, seront des colères d'enfant. Une seule chose le fera véritablement tressaillir : la peur d'être cru lâche. Doutez de son courage, aussitôt un thème de fanfare (1) s'échappera de sa poitrine, et dans l'orchestre tous les cuivres éclateront.

Alice est, à coup sûr, plus intérieurement vivante. Agréablement coquette, au premier acte, quand elle paraît devant Robert, elle va bientôt se montrer pathétique. Un courant d'émotion traverse sa *romance*. Nous la retrouverons au troisième acte, toute surprise et toute tremblante. Et la peur ne lui ôtera rien de sa naïveté. Cette naïveté, je la retrouve dans le vieil air : « *Quand je quittais la Normandie.* » Et là, si je confronte les deux textes, celui du musicien et celui du librettiste, je pardonne au musicien d'avoir, sur les deux dernières syllabes d'un nom géographique, sauté de la médiante à la sixte. Cet écart est assurément gauche. Mais auquel des deux embarras doit-il nous faire penser? Est-ce à celui du musicien en quête d'inspiration et trahi par sa plume? Est-ce à celui de notre paysanne délaissée? Ne vous semble-t-il pas que cette piteuse fin de période musicale sied singulièrement à l'infortunée Alice, et qu'ici encore Meyerbeer a été servi par ses défauts?...

(1) Voir le duo : *Des chevaliers de ma patrie...*, etc.

Quand je quit-tais la Nor-man-di-e etc.

Vous le voyez. Il suffirait, à la rigueur, d'allonger de quelques incidentes les formules de prétérition en usage, pour
dire sur les rôles d'Isabelle, de Robert et d'Alice tout ce
qui mérite d'en être dit. Ce ne sont là que des manne-
quins, ou plutôt des marionnettes.

Que leur manque-t-il donc pour être des personnages ?
Il leur manque, non pas tant d'être émus, puisque après
tout cela leur arrive, mais de l'être de telle sorte que
leurs émotions se correspondent en qualité et en degré,
qu'elles aient l'air de jaillir de la même source, d'être nées
dans la même âme. On ne saurait méconnaître l'unité de ces
rôles. Et vraiment, pour y faillir, il eût fallu le vouloir, puisque
ces rôles étaient « destinés » avant d'être achevés, puisque
Meyerbeer écrivait, non pas pour voix de ténor, de basse ou
de mezzo-soprano, mais pour les voix d'Adolphe Nourrit,
de Levasseur, de M¹¹ᵉ Dorus. Chaque voix d'artiste, quand
il s'agit d'un artiste véritable, étant un type individuel, a son étendue, ses inflexions, son timbre propres.
Même, que le caractère d'un virtuose se réfléchit jusque dans
sa voix et son talent, il n'y aurait là rien que de naturel.
En sorte que d'écrire un grand rôle pour un grand artiste
d'opéra prédisposerait à créer un type musical et, par le
choix du virtuose, assurerait d'emblée l'unité extérieure
du rôle. Cette unité, toujours indispensable, ne saurait suffire. Une fois atteinte, il s'agit de creuser, d'approfondir et,
en quelque sorte, d'*intérioriser*. Pour y parvenir, les re-
cettes manquent, et les traités de rhétorique musicale, s'il
en existait, ne sauraient faire suivre l'énoncé du précepte

d'aucune indication de procédé. C'est assez dire, j'imagine, que d'un tel effort, ou plutôt de sa réussite, le génie seul est capable. Et c'est pourquoi Meyerbeer, n'eût-il créé que le personnage de Bertram, il n'en eût pas moins fait ses preuves, et j'y insiste, ses preuves d'homme de génie.

II

Quand vous lisiez, Messieurs, les drames de Victor-Hugo, entre autres le *Roi s'amuse*, vous remarquiez les titres donnés à chacun des actes. L'auteur semble les avoir dédiés successivement à chacun de ses héros. Supposez Meyerbeer se réglant sur l'exemple du poète : il lui aurait été facile d'inscrire en tête de son premier acte le nom de *Robert*. Le second eût été réservé à la princesse *Isabelle*. Le cinquième et dernier eût porté le nom d'*Alice*, puisque c'est par le triomphe d'Alice que s'achève le drame. Il eût manqué un nom pour l'acte quatrième. Je proposerais de l'intituler : *le Rameau magique*, puisque c'est à nous en montrer les effets que sert cet acte doublement inutile ; il complique l'intrigue, et le style musical en est fort médiocre. Quant au troisième acte, il est rempli par le personnage capital de la pièce, celui dont l'opéra porte le nom. Bertram, lui aussi, jadis, s'est appelé Robert le Diable.

Vous trouverez dans les *Souvenirs d'un mélomane*, d'Armand de Pontmartin (1), de jolies anecdotes sur les incidents ou plutôt les accidents qui ont troublé, à moins qu'ils ne l'aient égayée, la première représentation de *Robert*. Alice serre de toutes ses forces, au troisième acte, la croix

_____
(1) 1 vol. in-12. Paris, Calmann Lévy.

qu'elle s'imagine, sans doute, être de vraie pierre, non de
carton peint; la croix tombe. Au même troisième acte, le
couvercle du tombeau sinistrement s'élève, pour permettre
à Mlle Taglioni de se dresser de toute sa hauteur; brusquement il retombe, et Mlle Taglioni a tout juste le temps
de ne le recevoir point sur la tête. Enfin, au dernier acte,
Levasseur ayant entraîné Nourrit dans la trappe, le régis-
seur doit venir rassurer l'assistance et avertir qu'on va
recommencer le dénouement... Vous trouverez aussi, dans
le même livre, des détails plus significatifs et des rensei-
gnements utiles sur les dispositions des spectateurs pendant
cette mémorable « première ». Vous y lirez, entre autres
passages : « A peine le merveilleux orchestre, conduit par
« Habeneck, eut-il fait entendre les « premières mesures de
« l'introduction où s'annonce *si clairement* la lutte du bon
« et du mauvais ange... » 'Je m'arrête de lire, Messieurs,
pour vous montrer combien, dans la partie éclairée du
public d'alors, on se plaisait à commenter littérairement un
texte musical. L'introduction de *Robert* devait être un prologue, et un prologue duquel devait infailliblement se dégager l'idée directrice du drame. Ainsi en avait jugé M. de
Pontmartin. Il avait décrété que la lutte du bon et du mauvais ange serait le sujet de l'*Ouverture*. En quoi il avait fait
preuve de plus d'imagination que d'analyse.

Oui, quand nous entendons l'ouverture de *Tannhaüser*, il
nous est permis de l'interpréter, comme s'il s'agissait d'une
lutte entre les puissances de l'Olympe et celles du paradis.
En effet, dans cette ouverture, deux thèmes sont en
présence : celui du chœur religieux, celui du Vénusberg.
Rien de tel dans l'*Ouverture* de *Robert*. Vous y trouvez
deux thèmes à vrai dire, l'un ténébreux, strident, l'autre,
celui qui sépare les deux développements du premier motif,

d'une signification assez imprécise, si même il convient
de lui en attribuer une. Quand il reparaîtra dans le dernier entr'acte et, cette fois, pour s'intercaler entre deux
reprises du chœur des moines, nous nous figurerons entendre un « thème de repentir » ; et cela, grâce à sa conclusion majeure. On dirait d'une clarté traversant les ténèbres,
par suite, d'une espérance traversant l'âme du pécheur
repentant. On dirait cela... mais à la condition de s'être
exercé au préalable à la lecture de Wagner et d'avoir, sous
l'habile direction de M. Hans de Wolzogen, approfondi la
fonction psychologique du *leitmotiv*. Or si, du *leit-motiv*, on
ne peut dire que Meyerbeer n'a jamais eu le soupçon, on
peut affirmer que jamais l'idée ne lui est venue d'ériger le
leit-motiv en système et de n'écrire que des phrases *signifi-*
catives. Gardons-nous donc d'écouter, dans l'*Ouverture* de
Robert, les lamentations du bon ange, puisque décidément
il ne s'y trouve rien de tel. En revanche, « le mauvais
ange » s'y trouve. Et, de même que, pour étudier, dans
Molière, le personnage de Tartufe, il ne faut pas attendre
son entrée en scène, mais le juger tout d'abord sur les impressions de l'entourage (1); de même, pour étudier, dans
Robert, le personnage de Bertram, il faut aller l'attendre à
son entrée... dans l'orchestre.

Je ne connais pas d'entrée plus saisissante. Observez comment la phrase est construite, et qu'elle est faite de deux périodes dont l'une descend et l'autre monte. Les notes se suivent
en progression harmonique, puisque, simultanément entendues, elles réaliseraient un accord parfait mineur. Il semble,

---

(1) La comparaison surprendra peut-être. Et pourtant, si l'on ne saurait apercevoir entre les moyens employés qu'une analogie lointaine,
il semble qu'au point de vue du résultat esthétique, tout au moins,
le rapprochement reste plausible.

dès lors, qu'il n'y ait rien pour l'admiration. Laissez vos
doigts errer sur un piano, dans la direction descendante ;
faites-les mouvoir à intervalles égaux et de telle façon qu'à
chaque *frappé* l'écart des doigts reste à peu près le même.
S'il n'arrive pas à vos doigts de faire entendre cette première
mesure de *Robert*, il y aura miracle. Et pourtant la phrase
est célèbre. Et l'effet en est infaillible. D'où cela vient-il,
puisque l'originalité mélodique en est absente ?

La cause ne saurait donc en être cherchée dans l'ordre
suivant lequel les notes s'y succèdent, encore que cet ordre,
ainsi que nous le verrons bientôt, ne soit pas absolument
étranger à l'expression de la phrase. Cette cause tient peut-
être à la lenteur du mouvement, à moins que ce ne
soit à la simplicité du rythme ou bien encore au caractère strident du timbre. Et quand il m'est arrivé de
vous dire que le mouvement, le rythme et le timbre, bien
qu'extrinsèques à la succession sonore, ne s'en séparaient
généralement que par abstraction, je songeais précisément
à cette phrase. Meyerbeer, dans le troisième acte de son
opéra, la fait d'abord réciter. Et le trombone réplique.
C'est qu'en effet l'instrument et la phrase se conviennent.
Les notes veulent y être séparées, non par un silence,
mais par une articulation distincte. Observez, d'autre part,
ces mots du texte : « *Nonnes qui reposez sous cette
froide pierre.* » A un texte semblable des notes trop voisines dans l'échelle musicale s'adapteraient malaisément.
De plus, le texte exige un débit lent et grave. Et cette remarque, que d'ailleurs confirmerait le sens de la phrase
verbale, je la tire uniquement du « son » des mots. Il ne
nous paraît pas, dès lors, que dans cette phrase commune
à l'*Évocation* et à l'*Ouverture*, la succession mélodique ait
été conçue à part de ses éléments d'apparence extrin-

sèque. Elle a dû spontanément surgir avec tous ses organes.

Il n'en résulte pas néanmoins, que dans l'effet qu'elle est destinée à produire, l'un de ces éléments ou organes, ne se trouve point jouer, par rapport aux autres, un rôle prépondérant. La lenteur du mouvement et la « stridence » du timbre y font assurément plus que la succession mélodique. Le mouvement contribue à l'impression de majesté, le timbre à l'impression d'effroi. Mais, ainsi que dans l'ouverture de la *Muette*, la phrase, une fois descendue, remonte, comme si elle reculait, comme si elle fuyait (1). Ainsi des images de recul s'ébauchent en notre esprit ; et l'impression de terreur se complète et s'achève.

Je ne voudrais pas, en prolongeant l'analyse de trois mesures de texte musical, encourir le reproche de préciosité. Il faut bien convenir toutefois que l'art tant décrié de « fendre les cheveux en quatre » et que nous avons pleine conscience d'exercer en ce moment, est un art essentiel au psychologue, puisqu'il n'est ni plus ni moins que l'art même de l'analyse. L'analyse est condamnée, par essence, à décomposer en parcelles l'indivisible apparent, à fendre l'impalpable, à diviser même l'immatériel. Et les droits que l'on s'arroge de diviser l'âme autorisent, par analogie, à envisager la mélodie comme un organisme et à en isoler, après une sorte de dissection, les éléments anatomiques. Mais pas plus que, dans un même acte de conscience, les

---

(1) C'est l'ouverture que j'étudie en ce moment, ou plutôt son thème initial. Je n'ai donc pas à me préoccuper du texte de l'*Evocation*, ni de la manière dont la connaissance de ce texte modifierait ou *corrigerait* nos images de recul et, par suite d'épouvante. Comparez cette impression avec celle que produit la première phrase d'orchestre de l'ouverture d'*Hamlet*. Vous y trouverez l'occasion de remarques instructives.

L. DAURIAC.   9

« trois facultés » de l'école n'interviennent pour une part
égale, pas plus que, dans un même acte physiologique issu
du concours de plusieurs fonctions, on ne saurait mettre en
doute la prépondérance de l'une d'elles, et qui change
selon les actes; pas plus enfin que, dans un organe composé de tissus, l'action de chacun d'eux ne saurait être, ni
en qualité, ni en quantité, également importante; pas plus,
dans une phrase musicale, le résultat, ou, pour mieux dire,
la résultante psychologique, effet d'une multiplicité d'éléments ou de forces, ne saurait impliquer l'égalité de leur
action.

Gardons notre exemple. Imaginons le hautbois récitant
la phrase : elle va monter de plusieurs octaves et y perdre
son accent d'autorité. Substituons le cor au hautbois : l'accent de parodie (avez-vous observé l'utile parti que tirent
du hautbois les auteurs d'opéras bouffes ?) fera place à un
accent de tristesse. Et si, recourant au trombone, vous
doublez le mouvement de la phrase, les notes défileront
au pas de course ; et l'impression de solennité sera dé-
truite.

Et, puisque les qualités de ce début d'ouverture tiennent
moins à la situation des notes qu'à leur mouvement et à
leur allure, l'évidence et la supériorité relative des qualités
dramatiques de Meyerbeer n'en reçoivent-elles pas une con-
firmation nouvelle et presque décisive ? L'*Ouverture*, tout en-
tière, repose sur trois mesures. Et la circulation de ces trois
mesures à travers les différents tons de l'échelle musicale
et les différents timbres de l'orchestre, loin d'en modifier
l'effet, renforce l'impression produite et, à chaque répétition
du motif initial, la renouvelle. C'est un souvenir d'enfance
qui me revient. Mais je me rappelle l'impression de sursaut
que me firent éprouver les sons évocateurs du trombone.

il me sembla que sur le rideau qui cachait encore la scène le nom de *Robert le Diable* venait de s'inscrire en traits de feu. Voilà donc une excellente ouverture-prologue, puisqu'elle emprunte sa matière au personnage principal du drame, à celui qui fait mouvoir les ressorts de l'action, puisque Meyerbeer nous annonce ce personnage avant que le librettiste nous l'ait présenté.

Le texte primitif de l'*Ouverture* comportait deux parties : 1° le développement du thème initial ; 2° l'exposition de la *ballade*. Aujourd'hui, dans l'unique édition à l'usage des amateurs, on a supprimé la *ballade*. Et l'on a bien fait. Du point de vue musical, l'*Ouverture* y gagne. Du point de vue dramatique, elle ne saurait y perdre. Car, si vous comparez l'expression des deux thèmes, celui de l'*Evocation*, celui de la *ballade*, vous vous apercevrez de leur extrême diversité peut-être, non de leur contraste. Une opposition de contrastes aboutit parfois à de puissants effets. Une juxtaposition ne saurait aboutir à rien, si ce n'est à troubler le lecteur, à le confondre, à le désorienter. Ainsi, pour s'être allégée d'une moitié de son contenu, l'*Ouverture* de *Robert le Diable* a retrouvé l'unité musicale qui primitivement lui faisait défaut ; ce qui est déjà un progrès. Ce qui en est un autre et plus important peut-être, c'est d'avoir abattu l'importune cloison qui l'empêchait, si l'on peut ainsi dire, d'avoir jour sur l'*Introduction* du premier acte. En musique, de même qu'en architecture, abattre est souvent un moyen d'agrandir.

J'ai regret, Messieurs, de quitter l'*Ouverture* de Robert sans vous l'avoir pleinement éclaircie. Des deux thèmes dont elle est faite, je me suis uniquement attaché au premier, celui sur lequel l'*Ouverture* est construite. A l'autre qui seulement la traverse comme pour relier les deux façades

du bâtiment, je voudrais, mais je ne puis trouver un sens.
Pourquoi ? Nous réentendrons le premier thème au troisième acte, et magnifiquement déclamé. Nous saurons
dès lors à quel personnage il se rapporte. Et c'est au personnage de Bertram qu'aussitôt nous rattacherons l'*Ouverture*.
Mais l'autre thème, celui qui ne fait qu'apparaître, une fois
dans l'*Ouverture*, une autre fois dans le dernier *ent'racte*,
comment lui assignerai-je, avec quelque vraisemblance, une
fonction ou dramatique ou psychologique ? J'admire ce motif, en dépit... peut-être même en raison de sa brièveté,
je lui trouve une expression touchante et même poignante.
Je puis bien ici louer, qualifier. Je ne saurais décidément
commenter. Je vous ai dit ce qu'il ne signifiait pas et que,
malgré les assurances de Pontmartin, le « bon ange » n'avait
point sa place dans l'*Ouverture*, puisque cette ouverture,
encore qu'elle se rattache au sujet du drame, n'en saurait,
à aucun titre, annoncer le dénouement.

III

Je passe maintenant et très vite sur le premier acte. Je
vous en rappelle les accords des instruments de cuivre, au
moment où, pour la première fois, Bertram prend la parole,
puis le caractère diabolique imprimé au thème de la *ballade*
par un changement d'instrumentation. J'attire votre attention sur ce beau thème d'*andante* symphonique, admirable d'expression et de style, oublié par nous et à dessein dans notre analyse du récitatif du premier acte, parce
que nous voulions le rattacher au personnage musical du
démon :

Tu   ne sau - ras ja mais ja - mais à
quel ex - cès je t'ai - me à quel ex - cès je
t'ai -   me

Je n'oserais soutenir qu'il convient d'attribuer à ce même
personnage le premier thème du « tournoi » au second
acte :

Cependant, sur ce thème, Bertram récite, et grâce aux
timbales qui l'exposent, nous éprouvons, ou plutôt nous
éprouvions naguère une invincible impression... d'*inferna-
lité*. Atteignons donc le troisième acte et arrêtons-nous,
comme il convient, devant une page de musique dramatique, des plus intéressantes et des plus fécondes. Je
veux parler du *duo bouffe*. D'abord lisons ce qu'en a
écrit Balzac : « Pour que rien ne manque à cette composi-
« tion, le grand artiste nous a largement donné le seul duo
« bouffe que pût se permettre un démon, la séduction d'un
« pauvre trouvère. Il a mis la plaisanterie à côté de l'hor-
« reur, une plaisanterie où s'abîme la seule réalité qui
« se montre dans la sublime fantaisie de son œuvre : les
« amours pures et tranquilles d'Alice et de Raimbaut ; leur
« vie sera troublée par une vengeance anticipée. Les âmes

9.

« grandes peuvent seules sentir la noblesse qui anime
« ces airs bouffes : vous n'y trouverez ni le papillottage trop
« abondant de notre musique italienne, ni le commun
« des ponts-neufs français. C'est quelque chose de la
« majesté de l'Olympe. Il y a le rire amer d'une divinité
« opposé à la surprise d'un trouvère qui se donjuanise... »
Non, il n'y a rien de tout cela, n'en déplaise à Balzac. Et
d'abord d'où savons-nous que Raimbaut se *donjuanise* ? Il
disparaît dans la coulisse ; et jamais plus nous n'entendons
parler du pitoyable trouvère. Ajoutons que, s'il se trouvait
dans le duo bouffe « un reflet de majesté olympienne », on
en pourrait louer le mérite musical. Mais il faudrait en
blâmer le contre-sens dramatique. Notre auteur a bien vu
l'importance de cette page. Il a cru l'expliquer en la com-
mentant ; il n'a fait que développer littérairement son
enthousiasme. La rhétorique de l'admiration fait souvent
des victimes ; et en cet endroit, le rhéteur, chez Balzac, a
eu raison de l'analyste... Ce n'est pas tout encore. Car
de quoi veut-on ici nous parler ? De la situation ou de la
musique ? Si c'est de la situation, elle n'est pas horrible ;
et le démon qui s'y révèle n'est ni plus ni moins que « le
diable des bonnes gens », le serpent métamorphosé en
homme, « celui qui tente » ; si c'est de la situation exprimée
par la musique, ce que je crois pour ma part, l'horreur
m'en échappe. Mais la plaisanterie s'y élève jusqu'à l'ironie.
La plaisanterie vient des mots. L'ironie vient du fond
même de l'âme. Et ici elle en vient, et en droite ligne,
oserai-je dire, portée qu'elle est par la musique. Ce duo
est, en effet, écrit pour deux voix masculines, la voix
de ténor « léger », c'est-à-dire aigu, et la voix de basse
profonde. Le contraste des voix y est extrême. Je note
cette antithèse parce qu'elle nous fait toucher au problème

périodiquement agité de l'esthétique du rire et du ridicule.

Il se peut que le sentiment du ridicule ne s'explique point
par le seul contraste. Toujours est-il que le sentiment d'un
contraste fait naître en nous l'impression du ridicule. Celle-
ci, d'ailleurs, n'équivaut-elle pas, le plus souvent, à celle d'un
contraste, d'une harmonie qui chercherait vainement à s'établir entre deux natures naturellement discordantes ? Le rire
ne vient pas toujours, il est vrai. Il n'est d'ailleurs nullement indispensable qu'il vienne. On ne rit pas toujours à
Tartufe. On ne rit pas toujours de Tartufe en dépit de ses
ridicules : il sont d'ailleurs intentionnellement intermittents.
Le *duo bouffe* de *Robert*, non plus, ne nous fera point rire.
— Autre remarque : — je ne saurai trop appeler votre
attention sur ces détails, ne serait-ce, d'ailleurs, que pour
vous permettre de me discuter ou même de me réfuter, au
cas où je me rendrais involontairement coupable d'exagé-
ration ou d'erreur ; — considérez, je vous prie, Messieurs,
que, si le duo est « écrit » pour ténor et basse, il a été vraisemblablement « pensé » pour ténor. La voix de ténor
léger est la plus flexible des voix masculines. Les triolets
lui conviennent. Sur le mot « homme », Raimbaut fait un
triolet :

Ah   l'hon - nête hom - me   (Basse)

Et c'est aussi par un triolet que lui répond Bertram en
le parodiant, en le singeant, en imitant lourdement sa légèreté. Cela ne dure guère. Au bout de seize mesures arrive
la phrase : « *faiblesse humaine — que l'on enchaîne — par
des bienfaits* ». Et ce n'est pas de l' « horreur » que la

phrase nous suggère... La mélodie s'assombrit, il est vrai,
mais l'ironie persiste. Et elle entre dans une phase nouvelle. A la période de persiflage — celle du début —
succède une période de cruauté. Balzac ne savait pas si
bien dire quand il s'est servi de la préposition *à côté*.
Les deux expressions ne sont point mêlées, mais juxtaposées. A l'ironie la cruauté fait suite... Et à la phrase mineure de Bertram succède une phrase majeure de Raimbaut, mélodiquement symétrique de la précédente. Raimbaut
n'a pas entendu Bertram, il est tout à la joie d'être riche.
Le spectateur, lui, a entendu. Et c'était l'essentiel.

Les mérites de psychologie musicale sont donc, ici, indiscutables. Nous les découvrons. Nous ne les imaginons pas.
Il se peut que la psychologie de Meyerbeer manque parfois
de profondeur. Elle manque rarement d'exactitude. Il se
peut que dans son exactitude, elle reste banale. Qu'importe! S'il y a de la psychologie dans cette page, et il y en
a, et nous l'avons fait voir, et si vous prenez la peine de lire,
vous en demeurerez, comme nous, persuadés, combien ne
sont-ils pas injustes, ceux qui ont comparé les opéras de
Meyerbeer — je n'ai point dit de Scribe — aux drames de
M. Dennery! Comme si M. Dennery s'était jamais soucié
de donner une âme à ses héros, je veux dire de donner
à leurs déclamations et exclamations la moindre raison
d'être véritablement intérieure! Leurs émotions naissent
des circonstances et nullement de leur façon personnelle
de réagir contre. Or faire gesticuler ou crier est une chose;
faire vivre et faire sentir en sont une autre.

Il est une scène de *Robert*, et qu'on peut bien appeler
la scène centrale de l'œuvre, où le personnage de Bertram
se dresse dans toute sa hauteur. « Le diable » du *duo
bouffe* s'y transfigure : du fond de cette âme de damné jail-

lit soudainement un flot d'amour humain. J'en atteste le *trio*
de la *Valse infernale*. Le chant de Bertram imité — mais
non copié — de la symphonie classique, est d'une richesse
émotionnelle pour le moins égale à ses mérites de forme.
La phrase débute avec fermeté, s'étend avec aisance, se développe avec majesté. Les modulations n'y servent pas à ré-
parer des brèches. Elles ne viennent pas, comme du dehors,
pour amortir une lourdeur de chute, ou pour dérober à
l'attention de l'oreille, soit une cheville, soit un rapiéçage.
Dans cette phrase bien faite, le mouvement de lui-même
se revêt de couleur. Au lieu de s'élancer, puis de se briser
aussitôt, une fois qu'elle a pris position dans l'espace sonore, la phrase s'élève, et l'on dirait qu'elle plane. D'abord
elle se déploie librement dans le ton de *si majeur*; puis
elle s'assombrit et tend à se replier sur elle-même. C'est le
moment où, comme indécise, elle flotte entre le ton mineur
de *si* et le ton majeur de *sol*. Puis, ayant fait choix du dernier, elle s'y élargit de nouveau pour finir, ainsi qu'elle a
commencé, par un geste noble. Et elle s'achève dans le
ton primitif :

Relisons, et de plus près encore, si possible. N'aper-
cevez-vous pas, Messieurs, qu'à chaque intersection des
lignes mélodiques, la phrase revêt un sens nouveau ? Non

qu'elle change d'expression, ce qui serait mal dire. Il n'y a point changement mais *greffage*. Et il en doit être ainsi, puisqu'il est de règle que, dans toute âme noble, les passions s'ennoblissent. Et il en doit être ainsi encore puisque, chez Bertram, l'excès du désespoir n'a d'autre cause que l'excès même de sa tendresse paternelle. Aussi Balzac, toujours curieux à citer, et, même quand il se trompe, souvent instructif, a-t-il eu raison d'écrire : « Avec quelle vigueur le « couplet de Bertram se détache en *si mineur* sur le chœur « des enfers en peignant la paternité mêlée à ces chants « démoniaques dans un désespoir affreux ! » Balzac s'est mépris sur le ton du morceau. Mais son erreur est suggestive. La phrase de Bertram a beau être « objectivement » majeure, par les inflexions du dessin, d'une part, et grâce aux « nuances » de l'accompagnement, de l'autre, elle n'en produit pas moins, sur ceux qui écoutent sans lire, un effet « subjectif » à peu près identique à l'effet des modes mineurs.

Je ne saurais quitter cette mémorable scène sans en avoir épuisé le contenu psychologique. Et je voudrais, Messieurs, vous en rappeler la péroraison, non pour en louer le style qui, cette fois, descend presque en deçà du trivial, mais pour vous en faire admirer l'éclat et la fougue. Elle a beau être dessinée à la diable, cette phrase de cirque, on se laisse emporter par son mouvement (1). Et vraiment il faut se ressaisir pour la déclarer médiocre.

Je lui préfère, et de beaucoup, la phrase, toujours en *si naturel* et toujours chantée par Bertram dans sa lutte contre Alice. Même accent de triomphe ; mais, au lieu d'une crise de révolte, une explosion de joie... Rappe-

_____

(1) Cf. dans la partition le *final* de la *Valse* en *si majeur* et en 12/8.

lez-vous la scène et remettez-vous en mémoire la phrase
dessinée par les violoncelles, au moment où paraît le
démon. Bertram est au terme de sa vie terrestre. Robert
n'est pas encore damné. L'heure presse. Et la messagère
du ciel est là, prête à la lutte. Elle a tout vu, tout entendu.
Elle « connaît » Bertram. Elle a entendu, clamé par les dé-
mons, le nom de son maître, de Robert. Elle a vu Bertram
sortir du gouffre béant. Les flammes mêmes ont jailli. Le
ciel sera vainqueur si Alice parle. Robert va venir. Aussitôt entre « le bon et le mauvais ange » la lutte s'engage.
Et elle est pressante. D'abord Bertram interroge avec une
nuance, à peine transparente, d'ironie. Et pendant qu'il interroge, les sons insinuants du violoncelle l'accompagnent...
Bertram interroge en langue musicale germanique. Alice
s'effraie en langue musicale italienne. J'ai blâmé ce mélange des styles, quand je n'avais pas le texte du drame sous
les yeux, quand, pour mieux me rendre compte des qualités
et des défauts de la musique, je lisais la partition sans me
préoccuper de l'action. Maintenant j'approuve. Oui, j'approuve, parce que nulle autre langue, mieux que la langue
musicale italienne, n'est propre à exprimer les agitations de
l'effroi. J'approuve encore parce que, dans un drame, il
importe de savoir varier le style, ne serait-ce que pour en
accroître la vraisemblance et rapprocher le drame de la vie.
Ne vous paraît-il pas, en effet, Messieurs, que, de ce mélange des styles, si l'on n'oserait dire qu'il accentue l'opposition des caractères, on en pourrait, du moins, affirmer qu'il
contribue singulièrement à la vie du dialogue ? Même à
n'écouter que la musique, on devine qu'il y a là deux personnages en présence et en antagonisme.

La lutte cesse. Bertram est ou se croit vainqueur. Subitement la phrase module et monte. Elle glisse de la domi-

nante de *mi bémol* sur la tonique de *si naturel*. Aux len-
teurs de l'*andante* succèdent les éclats et les ébats du
scherzo. *Scherzo* signifie *rire*. Bertram ne rit point, mais il
exulte d'une joie bruyante, brutale, effrénée :

Tri-om-phe que j'ai-me! sa fra-yeur est ex-trê-me

Nous avons déjà « salué » cette phrase l'ayant « reconnue ». Qui en retrouverait le manuscrit, sans paroles et
sans nom d'auteur, l'attribuerait à Beethoven. Car Beethoven, s'il n'a pas inventé cette phrase même, en a imaginé
vingt autres du même type. Je doute qu'il les eût fait entrer
dans un opéra. Je doute même qu'il les eût fait chanter.
Il n'eût jamais songé à en exploiter la puissance dramatique.
Et cette puissance est irrésistible. Meyerbeer l'y a découverte. En s'appliquant à la dégager, il a usé d'un droit légitime. Je rappelle, à cette occasion, que la musique n'est
point la morale. En musique, et généralement en art, il est
des droits que le succès consacre.

IV

S'il fallait prendre au pied de la lettre le sujet de notre
présent entretien, nous toucherions, Messieurs, au terme
de notre analyse. Car, si Bertram est le diable, le tentateur, — et nous le saurions par le *duo bouffe*, si nous ne le
savions déjà par le *final* du premier acte, — ce diable est
un ange déchu. Lui resterait-il au fond de l'âme quelque
réminiscence de son premier état ? La phrase du premier

acte « *Tu ne sauras jamais à quel excès je t'aime* » nous
le ferait croire, et principalement le monologue en *si* majeur
pendant la fête infernale. Ainsi, du point de vue psychologique, et eu égard au personnage (1) de Bertram, le troisième et le premier acte seraient dans le même rapport
qu'un tableau et son esquisse. De plus, et si nous n'avons
rien exagéré, Meyerbeer a *composé* véritablement son personnage et ne s'est point toujours contenté d'en *juxtaposer*
les attitudes. Telle serait la conclusion de nos analyses. Et,
si déjà nous les avons obtenues, c'est que notre tâche est
accomplie.

Meyerbeer n'en eût pas jugé autrement. Et il eût réduit son
troisième acte à un seul « tableau »... sans les nécessités
chorégraphiques. On sait l'heureux parti qu'il en a su tirer.
Du ballet de *Robert le Diable* on ne peut dire que tout est
de premier ordre. Du moins, *Bacchanale* à part, tout y est
joli : la dernière page surtout est exquise. Mais il est une
page qui domine ce *final* et qui révèle, à elle seule, un
puissant génie dramatique, un merveilleux interprète de
situations, et même, jusqu'à un certain point, de paroles :
c'est l'*Evocation*.

De cette *Evocation*, Messieurs, vous avez déjà pu entrevoir
la magnificence. Le thème de l'*Ouverture* lui est emprunté,
et ce thème est plein de grandeur. Mais dans cette grandeur, il y a de la menace ou de la *sommation*. Je voudrais
essayer maintenant, non plus de vous en expliquer le sens,
mais de vous en dévoiler la genèse. Représentons-nous le
compositeur en face du texte de Scribe et s'appliquant à le tra-

---

(1) Eu égard à sa « psychologie », non à son « influence ». L'ivresse
et le jeu ne sont-ils pas des moyens de *damnation* ? Mais dans le premier acte, Bertrand agit presque sans se montrer. Il ne se découvre
qu'au troisième acte.

duire : « *Nonnes qui reposez sous cette froide pierre…, etc.* ». Comment un musicien s'y prendra-t-il pour mettre ce vers en musique? Aucun mot, dans le vers, n'est vraisemblablement susceptible d'une traduction musicale. Pourtant, si les sons et les formes visuelles se répondent, si, comme dirait un philosophe, le temps est l'analogue de l'espace, si enfin la grammaire nous apprend que les prépositions et les adverbes, et presque les mêmes prépositions et les mêmes adverbes, conviennent au temps et au lieu, ils s'appliqueront, dès lors, avec une égale justesse, au successif et au simultané. Une conséquence en résulte. C'est qu'à la faveur de cette égale convenance, le monde des sons ne sera plus totalement étranger au monde des formes et que, par suite, on pourra se servir d'une succession sonore pour suggérer l'image d'un ensemble de lignes ou d'une juxtaposition de couleurs.

Le musicien n'est pas nécessairement philosophe. Aussi, Messieurs, ne sait-il rien de tout cela. Du moins, il ne sait l'expliquer, ni aux autres, ni à lui-même. Il agit pourtant comme s'il le savait. Il étudie son texte. Il médite sur le second hémistiche du vers : « *Sous cette froide pierre* ». Aussitôt il imagine une phrase à direction descendante, et c'est la préposition *sous* qui l'exige. — Supposez maintenant qu'au lieu de « *Sous cette froide pierre* », Scribe eût écrit quelque chose comme : « *Sous la gaze légère* », ne vous apparaît-il pas aussitôt qu'il eût été absurde de faire intervenir le trombone? C'eût été un contre-sens, n'est-ce pas?

Non-nes qui repo-sez sous cet-te froi-de pier-re   ren-tre-dez-vous?

La phrase musicale descend une octave et remonte jus-

qu'à la médiante supérieure. Cette ascension est symbo
lique. Elle correspond à l'idée de « résurrection » qui va
être exprimée tout à l'heure : « *Relevez-vous !* » Je vous
prierai maintenant, Messieurs, d'observer le caractère interrogatif que prend la phrase musicale, arrivée à ces mots du
texte : « *Nonnes, m'entendez-vous ?* » On en peut tirer la
preuve de l'antériorité de l'*Evocation* à l'*Ouverture*.

C'est qu'en effet ces trois notes interrompent le thème.
Or il est dans la nature d'un thème de se développer, une
fois « exposé ». Pourquoi donc dans l'*Ouverture*, aussitôt
exposé, s'interrompt-il ? Parce qu'il a été primitivement
imaginé sur un texte verbal, nous pouvons même dire ici
sur des paroles. Le premier vers du livret imposait un
accent d'autorité. Le second vers veut être récité sur un
ton interrogatif. Et c'est le cas ou jamais de dire que le
ton fait la chanson, puisqu'aux mots du librettiste correspondent les notes du musicien.

Continuons de lire. Voici encore deux vers dont le com
positeur tirera de beaux effets :

> *Roi des enfers, c'est moi qui vous appelle,*
> *Moi damné comme vous.*

« *Roi des enfers.* » L'imagination associe spontanément
à l'idée de royauté celles de majesté, de grandeur, d'éclat.
Donc il faudra que la phrase musicale s'élève et monte. Et,
pour lui donner de l'*éclat*, les trompettes retentiront :

Roi   des en-fers, c'est moi qui vous ap-pel-le

« *Moi damné*, etc. » Ici la phrase redescend, et l'on

dirait qu'elle retombe sur elle-même comme si elle avait trop haut visé :

Mei dam-né com-me vous mei dam-né com-me vous

Pourquoi Meyerbeer a-t-il renoncé à traduire les deux derniers appels de l'*Évocation* : *Nonnes, m'entendez-vous* ?

Non-nes m'en-ten-dez vous ? Non-nes re-le-vez - vous

Pourquoi cette descente de la phrase musicale alors qu'il fallait imprimer à la mélodie un mouvement de direction contraire ? Meyerbeer avait sans doute ses raisons. Et, s'il a risqué le contre-sens, c'est, vraisemblablement, qu'il l'a voulu (1). L'*Évocation* de *Robert le Diable* n'est pas un pur récitatif. Elle y ressemble par la rupture continuelle du tissu mélodique, par la juxtaposition des phrases, phrases brèves, différentes d'allure et de rythme. Mais c'est là un air ou, tout au moins, un *arioso*. Donc il lui faut une fin. Et, pour qu'il finisse, il lui faut retomber sur la tonique. Meyerbeer est dès lors excusable. Et c'est Scribe ici que l'on doit accuser. C'était à lui à remanier son texte.

Je ne sais, Messieurs, si l'*Évocation* de *Robert le Diable* vous paraît mériter le nom de chef-d'œuvre. Peut-être la jugerez-vous trop rapsodique Songez pourtant qu'elle devait l'être, et cela, pour se conformer aux lois du genre.

(1) Pourquoi Scribe n'a-t-il pas substitué *relevez-vous !* à *m'enten-dez vous ?* La direction descendante de la phrase eût pu s'expliquer à la rigueur. Car si, d'une part, l'action de se relever se fait de bas en haut, d'autre part, en général, quand on ordonne, on baisse la voix sur la dernière syllabe de l'ordre.

A mon avis, l'importance historique de cette *Évocation* est considérable. Et, si elle a trouvé un public pour l'applaudir, c'est que, tôt ou tard, un public devait se rencontrer pour accepter l'incohérence musicale érigée en système au nom de la nécessité dramatique.

Les wagnériens français du temps présent vont se récrier si nous osons, dans une même phrase, et à propos d'une remarque de « facture », rapprocher les deux noms de Meyerbeer et de Wagner. Ils ne feront cependant pas que, chez l'un comme chez l'autre, ce qui décidément l'emporte, ne soient les dons dramatiques, c'est-à-dire ceux du traducteur ou de l'interprète. Ils ne feront pas que, chez Meyerbeer, comme aussi chez Wagner, l'invention musicale n'ait eu pour véhicule, et même pour stimulant indispensable, l'invention dramatique. Ils ne feront pas, non plus, que, si le génie musical de Wagner, son aptitude à la création des formes, l'élèvent au-dessus de Meyerbeer, et l'élèvent infiniment, nos deux maîtres ne participent en commun d'un autre génie celui qui consiste dans l'habile exploitation des ressources, dans l'audace extraordinairement heureuse des combinaisons.

Ainsi, malgré la distance qu'il est juste de maintenir entre l'un et l'autre maître, il faut convenir que le premier né des deux fut, lui aussi, un maître, non pas un musicien de génie, mais un ouvrier de génie dans l'art de mettre en musique une situation et de développer en musique un caractère.

En vous proposant, Messieurs, de terminer par ces conclusions notre étude de *Robert le Diable*, je vous dispose à comprendre le déclin de sa réputation. Et le temps n'a épargné aucune des œuvres de Meyerbeer. Ce n'est pas à lui qu'il faut s'en prendre, mais à notre critique, ou plutôt à notre chronique française actuelle qui ne sait bâtir une renommée qu'après en avoir abattu plusieurs autres. A quoi bon précipiter la ruine comme si l'heure n'en devait jamais venir! Donc nos chroniqueurs musicaux français du temps présent se sont avisés, un beau jour, que Meyerbeer n'avait pas inventé ses formes musicales. Et ils en ont déduit que Meyerbeer pourrait n'être pas un grand musicien. La déduction était irréprochable. Mais le raisonnement était *à côté*. Meyerbeer est principalement, essentiellement, et presque exclusivement, un homme de théâtre. C'est à ce titre qu'il veut être étudié, apprécié et, j'ajoute, admiré ; Meyerbeer est un grand inventeur dramatique.

Je termine sur ces conclusions provisoires : provisoires, parce que, les *Huguenots* ayant, d'assez près, suivi *Robert le Diable*, le temps de les examiner de nouveau est assez proche. Et nous n'y faillirons pas. Mais, entre *Robert* et les *Huguenots*, dans le genre opéra, la *Juive* s'intercale, et, puisque la *Juive* mérite tout autre chose que le dédain, et que j'en suis persuadé, vous ne vous étonnerez pas si j'essaie à vous en convaincre. De plus, avant d'étudier la *Juive*, il faudra nous rendre compte d'une évolution des plus fécondes : celle de l'opéra-comique, depuis la *Dame Blanche* jusqu'au *Pré-aux-Clercs*. Aussi est-ce en face de Georges Brown et des « montagnards réunis », que je vous donne, Messieurs, rendez-vous l'an prochain... s'il plaît aux dieux, c'est-à-dire à la Sorbonne.

TABLE DES MATIÈRES

BIBLIOTHÈQUE
IMPRIMÉS

1940. — Tours, Impr. Ed. Arrault et Cie.

www.ingramcontent.com/pod-product-compliance
Lightning Source LLC
Chambersburg PA
CBHW072238270326
41930CB00010B/2174